小生意大智慧

新创企业
管理培训
中心

组织编写

小而美的生意

U0319628

鲜花店

化学工业出版社

·北京·

内容简介

《小而美的生意·鲜花店》一书系统梳理了开设一家鲜花店的各个环节，旨在为新创业者提供全面的指导和参考。从经营前的市场分析到经营中的问题解决，再到经营后的策略调整，本书将帮助创业者迅速从入门到精通，轻松打造属于自己的、独具特色的小门店。

本书内容丰富，具体包括市场解码与定位新风尚、店铺选址与装修潮流范、开业筹备与宣传大作战、鲜花采购与储存技巧、花卉展示与陈列艺术、花材保鲜与养护秘诀、礼仪插花与制作技巧、业务拓展与探索新领域、日常运营与管理精要、线上布局与销售新策略、市场营销与推广新篇章、顾客接待与服务新体验、持续发展与扩张新战略等。

本书实用性强，着重突出可操作性，是一本非常实用的开店指导手册和入门工具书；本书文字图表化，简化了阅读难度，提升了阅读效率。本书适合创业者、上班族，以及对开店感兴趣的读者阅读，可以让读者快速掌握开店知识。

图书在版编目（CIP）数据

小而美的生意．鲜花店 / 新创企业管理培训中心组织编写．-- 北京：化学工业出版社，2024．9．--（小生意大智慧）．-- ISBN 978-7-122-45900-8

Ⅰ．F717．5

中国国家版本馆 CIP 数据核字第 20242E8P51 号

责任编辑：陈　蕾　　　　　　　　　装帧设计：溢思视觉设计／程超
E-mail: isstudio@126.com
责任校对：王鹏飞

出版发行：化学工业出版社（北京市东城区青年湖南街 13 号　邮政编码 100011）
印　　装：三河市双峰印刷装订有限公司
880mm×1230mm　1/32　印张 6　字数 136 千字
2024 年 9 月北京第 1 版第 1 次印刷

购书咨询：010-64518888
售后服务：010-64518899
网　　址：http://www.cip.com.cn
凡购买本书，如有缺损质量问题，本社销售中心负责调换。

定　　价：39.80 元

开家小店，投资小，见效快！

在电子商务蓬勃发展的今天，小而美的生意模式既适合实体店运营，也能轻松拓展至线上平台，成为年轻人投资创业的热门选择。此类项目以其投资少、回报高的特点，备受青睐。

小而美的生意模式，顾名思义，其投资成本相对较低，风险较小，且经营方式灵活多变。这种模式对启动资金要求不高，降低了创业门槛，使更多人有机会参与其中。同时，由于专注于某一细分市场或特定需求，它们的市场风险相对较低。经营者可根据市场变化灵活调整经营策略，保持业务的灵活性。虽然规模较小，但通过精细化的管理和优质的服务，这类小店往往能实现稳定的收益，并在激烈的市场竞争中脱颖而出。

然而，经营小而美的生意并非易事，需要创业者具备敏锐的市场洞察力、创新精神和卓越的管理能力。这些能力并非人人天生具备，但通过学习和实践，每个人都可以逐渐掌握。

为此，我们特别组织了一线从业人员和培训老师，编写了《小而美的生意·鲜花店》一书，本书系统梳理了开设一家鲜花店的各个环节，旨在为新创业者提供全面的指导和参考。从经营前的市场分析到经营中的问题

解决，再到经营后的策略调整，本书将帮助创业者迅速从入门到精通，轻松打造属于自己的、独具特色的小门店。

本书内容丰富，具体包括市场解码与定位新风尚、店铺选址与装修潮流范、开业筹备与宣传大作战、鲜花采购与储存技巧、花卉展示与陈列艺术、花材保鲜与养护秘诀、礼仪插花与制作技巧、业务拓展与探索新领域、日常运营与管理精要、线上布局与销售新策略、市场营销与推广新篇章、顾客接待与服务新体验、持续发展与扩张新战略等。

本书实用性强，着重突出可操作性，是一本非常实用的开店指导手册和入门工具书；本书文字图表化，简化了阅读难度，提升了阅读效率。本书适合创业者、上班族，以及对开店感兴趣的读者阅读，可以让读者快速掌握开店知识。

由于作者水平所限，不足之处敬请读者指正。

编　者

目录

第12章 顾客接待与服务新体验 ／ 159

第13章 持续发展与扩张新战略 ／ 171

第 1 章

市场解码与
定位新风尚

鲜花店的市场分析与定位是指在目标市场中，根据潜在顾客的心理需求进行营销设计，创立产品、品牌或店铺的某种形象或个性特征，让目标顾客在心中保留深刻的印象，从而获得竞争优势。

【要点解读】▶▶▶ ------------------------------

1 市场调研：潮流脉搏我来探

在开设鲜花店之前，进行市场调研是至关重要的。通过深入的市场调研，店主可以更加清晰地了解市场需求和竞争态势，为开设鲜花店做好充足的准备工作。同时，也可以在开店后制定合理的营销策略，提升店铺的知名度和竞争力。店主可参考图1-1所示的步骤进行市场调研。

图1-1 市场调研的步骤

1.1 明确调研目的

在开始市场调研之前，店主需要明确调研的目的，例如了解目标市场的消费者需求、购买习惯、价格敏感度以及竞争对手的情况和行业趋势。这有助于店主更有针对性地收集信息和分析数据。

1.2 选择调研方法

开展市场调研可以采用多种方法，包括问卷调查、访谈、观察、网络调查等。店主可以根据调研目的和预算选择合适的调研方法。

比如，通过问卷调查可以收集消费者的意见和建议，而通过访谈可以更深入地了解消费者的需求和购买习惯。

1.3 确定调研对象

调研对象包括目标市场的消费者、竞争对手和行业专家等。通过与调研对象交流，店主可以获得全面的市场信息和行业动态。

1.4 收集信息

在调研过程中，店主需要关注一些关键信息。

比如，消费者的购买习惯、喜好以及购买渠道；竞争对手的产品种类、价格、服务质量；行业趋势和新兴产品等。这些信息有助于店主及时调整自己的经营策略。

1.5 分析结果

将收集的信息进行整理、归纳和分析，识别目标市场的需求和特点，以及竞争对手的优势和劣势，店主可以发现市场的机会和挑战，以及自己优势和不足。这有助于店主制定更加合理的经营策略。

2 目标顾客：精准锁定，准确圈粉

鲜花店目标顾客群体定位是店铺运营的关键，它决定了店铺的产品选择、价格定位、营销以及服务方式等。表1-1是鲜花店目标顾客群体的定位策略。

表1-1　鲜花店目标顾客群体的定位策略

序号	目标顾客群体	群体特征	定位策略
1	年轻人为主的群体	年轻人是鲜花消费的重要群体之一，他们通常追求时尚、个性和创意	鲜花店可以提供一些新颖、时尚的花艺产品和服务，如花束定制、花艺课程等，以吸引年轻人的关注
2	中年人为主的群体	中年人在鲜花消费中占据一定比例，他们可能更注重品质和服务	鲜花店可以提供高品质的花卉产品、专业的花艺设计和贴心的配送服务，以满足中年人的需求
3	商务顾客	商务场合的鲜花需求也是一个不可忽视的市场	鲜花店可以提供专业的商务花艺服务，如会场布置、庆典活动装饰等，以满足商务顾客的需求
4	家庭用户	家庭用户是鲜花消费的稳定群体，他们可能更注重鲜花的实用性和装饰性	鲜花店可以提供实惠、美观的鲜花和绿植产品，以及便捷的配送和售后服务，以刺激家庭用户的购买

序号	目标顾客群体	群体特征	定位策略
5	特殊场合需求者	在婚礼、生日、纪念日等特殊场合，人们对鲜花的需求也会增加	鲜花店可以提供专业的定制服务，以满足这些特殊场合的需求

在定位目标顾客群体时，鲜花店店主还需要考虑店铺地理位置、周边环境以及竞争状况等。

比如，店铺在商业区或办公区附近，商务顾客和家庭用户可能是主要的目标群体；店铺在居民区或学校附近，年轻人和家庭用户可能更有购买力。

明确了目标顾客群体，鲜花店店主可以更好地了解他们的需求和偏好，从而制定更加精准的市场策略和产品策略，提升店铺的竞争力和市场份额。

3 产品定位：匠心独运，制造爆款

鲜花店店主应根据目标顾客群体来确定店铺的产品定位。鲜花店的产品定位决定了店铺的花卉种类、价格档次和质量水平，直接影响顾客群体的购买行为和市场竞争力。

一般来说，鲜花店店主可根据图1-2所示的内容进行产品定位。

 产品种类 ☞ 可以提供鲜切花、盆栽植物、干花装饰等不同类型产品。同时，也可以考虑提供一些特色产品，如定制花束、特色花篮等

图1-2

根据目标顾客群体，确定产品风格。比如，针对年轻人，产品可以更加时尚、有创意；针对中老年人，产品可以更加传统、典雅

根据目标客户群体和市场竞争情况，确定产品价格档次，可以提供高端奢华、中档实惠或平价经济等不同价位的产品

强调产品的独特价值和服务。比如，可以推出高端鲜花定制，提供独特和优质的服务；或者主推日常鲜花和绿植，提供实惠和便捷的服务

确定花卉的质量水平，可以提供高品质进口花材、本地优质品种或者普通商超货品，并确保产品新鲜度

图1-2　鲜花店产品定位的策略

4 品牌形象：独特标签，闪耀全场

鲜花店品牌形象定位是向顾客塑造和传达店铺的独特形象和价值。通过精心打造品牌形象，鲜花店可以在激烈的市场竞争中脱颖而出，赢得顾客的信任和支持。表1-2是鲜花店品牌形象定位的一些策略。

表1-2　鲜花店品牌形象定位策略

序号	定位策略	具体说明
1	明确核心价值	明确店铺的核心价值，即如何吸引顾客。鲜花店可以提供最新鲜的花卉、独特的花艺设计、优质的服务、便捷的购物体验等

序号	定位策略	具体说明
2	确定品牌理念	确定鲜花店的品牌理念，即明确店铺的使命、愿景和价值观。鲜花店可以选择品质、创意、个性化等不同品牌理念
3	确定品牌定位	包括目标顾客群体、产品特色和服务优势等。鲜花店可以选择高端奢华、时尚潮流或经济实惠等不同品牌形象
4	打造品牌标识	即设计独特的品牌标识，如标志、商标、色彩、字体等。这些元素应该与品牌形象相契合，并在店铺营销中保持一致
5	创建品牌故事	创建一个吸引人的品牌故事，让顾客更容易与品牌建立情感联系。故事可以围绕店铺的起源、创始人对花卉的热爱等展开
6	树立品牌形象	积极参与社会公益活动，如环保活动、社区美化等，树立良好的店铺形象，赢得顾客的认可
7	提供品质保障	确保产品质量和新鲜度，并提供售后服务，以保障顾客的权益，为店铺树立良好的信誉

案例分享

案例1：高端鲜花定制市场定位

某鲜花店定位高端鲜花定制市场，主推高品质、个性化、定制化的服务。该店精选国内外优质花卉，以精湛的技艺和独特的设计，为顾客打造花束和花艺作品。同时，该店还提供个性化的定制服务，根据顾客需求，为顾客量身定制专属的花卉礼品。该店服务于高端顾客群体，如企业家、名人、明星，以及一些特殊场合，如婚礼、庆典、会议等。通过高品质的产品和服务，该店在市场上树立了良

好的口碑和形象，吸引了大量高端顾客的关注和认可。

案例2：日常鲜花与绿植市场定位

某鲜花店定位日常鲜花与绿植市场，主推价格实惠、品种丰富的鲜花和绿植产品。该店注重产品的性价比，通过优化供应链来降低成本。同时，该店还提供多种配送方式和售后服务，以方便顾客购买和使用。该店的目标顾客主要是普通消费者和家庭用户，以他们的日常生活和家居装饰为中心。通过实惠、便捷的产品和服务，该店在市场上获得了广泛的认可和好评。

案例点评：

以上两个案例表明，鲜花店的目标市场定位应考虑目标顾客和市场需求。在选择目标市场时，店主应考虑自身的优势和特点，以及竞争对手的情况，同时，还应注重产品的品质和服务质量，以及顾客的体验和满意度，从而不断提升自身的市场竞争力和影响力。

第 2 章

店铺选址与装修潮流范

鲜花店的选址与装修是店铺经营的关键环节。通过合理的选址和精心的装修设计，店铺不仅能够吸引更多的顾客，提高销售额；还能够树立良好的品牌形象，为长期发展奠定坚实的基础。

【要点解读】▶▶▶ ─ ─ ─ ─ ─ ─ ─ ─ ─ ─ ─ ─ ─ ─ ─ ─

1 选址要点：黄金地段，人气爆棚

选择合适的位置，对于鲜花店的经营至关重要。因为它将直接影响店铺的客流量、销售额和整体盈利能力。精心选址能为店铺的成功运营奠定坚实基础。一般来说，在鲜花店选址时应考虑图2-1所示的因素。

1.1 客流量

鲜花店选址时，客流量是非常关键的考虑因素。客流量大的地方，如商业中心、购物中心、医院、学校等周边，通常是开设鲜花

图2-1　鲜花店选址应考虑的因素

店的理想地点。这些地方不仅有潜在的顾客群，而且交通便利，便于顾客前来选购。

客流量不仅决定了潜在顾客的数量，还直接影响销售额和店铺运营。

1.2　目标顾客群的特点

不同的顾客群有不同的需求和消费习惯，因此，了解目标顾客群的特点对于店铺选址至关重要。

比如，目标顾客是年轻人或学生，那么可以选择在大学城或年轻人聚集的社区附近开设店铺；目标顾客是中高端消费者，那么可以考虑在高档社区或商业区选址。

1.3　周边竞争情况

考察竞争对手的情况也是店铺选址过程中不可忽视的一环。了解周边竞争对手的产品特点、价格策略等，有助于店主制定更具竞争力的经营策略。同时，为避免与强大的竞争对手直接对抗，可以选择在竞争对手较少或相对较弱的区域开设店铺。

1.4　店铺面积和格局

在确定鲜花店的位置时，店铺的面积和格局也是非常重要的考虑因素。这些因素将直接影响鲜花店的业务运营、产品展示以及顾客的购物体验。

（1）店铺面积。店主需要根据鲜花店的业务需求和经营模式来确定店铺的面积。如果经营一个综合性的花店，包括鲜花、盆栽、干花等，那么可能需要一个面积相对较大的店铺。如果只专注于销售鲜花，那么店铺面积可以适当小一些。

（2）店铺格局。在考虑店铺格局时，应注意表2-1所示的几个方面。

表2-1　考虑店铺格局的注意事项

序号	注意要点	具体说明
1	展示空间	可以设置不同的区域来展示不同类型的花卉产品，例如鲜花区、盆栽区、干花区等。还要确保每个区域都有足够的空间，方便顾客挑选
2	工作空间	除了展示空间外，还需要考虑工作空间，这包括员工制作花束、整理花卉等所需的空间。应确保工作空间充足且布局合理，以提高工作效率
3	顾客体验	应确保店铺内有足够的行走空间，以免顾客难以移动。同时，还可以设置一些休息区或咨询台，让顾客享受舒适的购物体验

1.5　租金成本

在店铺选址过程中，必须考虑租金成本，将花店运营成本控制在可承受范围内。

另外，在考虑租金成本时，要有长期规划。虽然一些地点的租金较高，但如果能够带来更多的客流量和销售额，那么这些投资是值得的。

生意经

　　在选择店铺位置时，需要权衡交通条件与租金成本之间的关系。虽然交通便利的位置可能会带来更高的租金成本，但如果能够吸引更多顾客并提高销售额，那么这些投资通常是有较高回报率的。

2 空间布局：舒适购物，体验升级

　　鲜花店的空间布局对于顾客的购物体验以及店铺的整体形象至关重要。合理的空间布局，可以营造出舒适、温馨的购物环境，从而提升顾客的购物体验和忠诚度。

　　表2-2所示是鲜花店空间布局的一些建议。

表2-2　鲜花店空间布局的建议

序号	空间区域	布局建议
1	入口区域	店铺入口是顾客最先接触的地方，因此应该设计得足够吸引人。可以在入口处放置一些色彩鲜艳、造型独特的花艺作品，以吸引顾客的注意力
2	展示区域	展示区域是顾客选购花卉的主要场所，应该根据花卉的种类、颜色、大小等进行合理的分区。例如，可以按颜色或种类分区摆放，也可以按照价格顺序排列，以方便顾客查找和选择

序号	空间区域	布局建议
3	工作区域	工作区域是店员进行花艺设计、花束包装的地方，应该设置在相对隐蔽的位置，以免干扰顾客购物。同时，工作区域应该配备必要的工具和设备，以确保店员能够高效地完成工作
4	休息区域	为了让顾客在选购花卉时有一个舒适的休息场所，可以放置一些舒适的座椅或沙发。同时，还可以提供一些书籍、杂志等供顾客阅读，以增加顾客的停留时间
5	通道区域	通道的宽度应该适中，方便顾客行走。同时，通道的走向也应该清晰明了，以免顾客在店内迷路或走回头路

3 色彩搭配：色彩魔幻，吸睛无数

鲜花店的色彩搭配，应该注重色彩的和谐与美感，同时也要考虑色彩对顾客情绪和购买行为的影响。表2-3所示是鲜花店色彩搭配的一些建议。

表2-3 鲜花店色彩搭配的建议

序号	搭配要点	具体说明
1	基础色调选择	为了营造出清新、自然的氛围，基础色调通常以白色、绿色、浅粉色等为主。这些颜色能够突出花卉本身的色彩，同时也能与花卉的属性和顾客的购买心理相符合
2	色彩对比与协调	在色彩搭配中，对比与协调是非常重要的。可以使用对比来突出花卉的颜色，如红与绿、黄与紫等。同时，也要注重色彩的协调，避免将过于突兀或混乱的颜色组合在一起

序号	搭配要点	具体说明
3	色彩与空间层次	色彩也能够影响空间感。在较小的空间内，使用柔和的浅色调可以让空间显得更加宽敞和舒适。而在较大的空间内，则可以使用对比色或鲜艳的色彩来增强空间的层次感
4	色彩与顾客情绪	色彩对于顾客的情绪也有一定的影响。例如，暖色调（如红色、橙色、黄色）能够激发顾客的购买欲望和热情，而冷色调（如蓝色、绿色、紫色）则能够让顾客感到宁静和放松
5	色彩与品牌形象	色彩也是品牌形象塑造的重要因素之一。选择与品牌形象相符的色彩，有助于增强品牌的识别度和统一性

 生意经

通过合理的色彩搭配，可以营造出绚丽、舒适的购物环境，提升顾客的购物体验和购买欲望。

4 照明设计：光影交错，营造氛围

鲜花店的照明设计是营造氛围、突出花卉美感的重要手段。表2-4所示是鲜花店照明设计的一些建议。

表2-4　鲜花店照明设计的建议

序号	设计要点	具体说明
1	选择合适的照明器具	对于鲜花店来说，照明器具的选择非常重要。一般来说，应该选择柔和、温暖的光源，如LED灯、白炽灯等，达到模拟自然光的效果。同时，照明器具的外观设计也应该与店铺的装修风格相协调

序号	设计要点	具体说明
2	分区照明	根据店铺的空间布局和花卉的摆放位置，进行分区照明。对于展示区域，可以使用聚光灯或射灯等照明，以突出花卉的色彩和质感。对于通道和休息等区域，则可以使用较为柔和的照明方式，以营造舒适的氛围
3	控制光照强度	光照的强度直接影响顾客的视觉感受和花卉的展示效果。因此，应该根据店铺的空间大小和花卉的种类，合理控制光照强度。过强的光线可能会让顾客感到刺眼，而过弱的光线则可能无法突出花卉的美感
4	注重色彩还原	照明设计还应该注重色彩还原。不同的光源和照明方式会对花卉的颜色产生影响，因此应该选择能够真实反映花卉颜色的照明方案，以方便顾客选择

 生意经

在选择照明器具时，还应该考虑节能与环保等因素。可以选择能效高、寿命长的节能型照明器具，以减少能源消耗。

5 装饰设计：个性装饰，彰显品位

鲜花店的装饰是营造店铺氛围、提升品牌形象和吸引顾客的重要手段。表2-5所示是鲜花店装饰设计的一些建议。

表2-5 鲜花店装饰设计的建议

序号	装饰区域	设计说明
1	店内墙面装饰	店内墙面是装饰的重点之一。可以选择一些与花卉相关的艺术品或挂画，以突出店铺的主题。同时，也可以设置一些花架或植物墙，展示各种绿色植物和花卉，营造出自然、清新的氛围

序号	装饰区域	设计说明
2	陈列架与展示柜装饰	陈列架和展示柜是展示花卉的主要场所，应该注重其装饰效果。可以使用一些简约、时尚的陈列架和展示柜，将花卉整齐地摆放其中。还可以在陈列架和展示柜上设置一些灯光，突出花卉的色彩和质感
3	店内空间装饰	店内空间装饰也是营造氛围的重要手段。可以在店内摆放一些与花卉相关的装饰物，如花瓶、花盆、花束等，以提升店铺的整体美感。同时，还可以在店内设置一些舒适的座椅或沙发，供顾客休息和欣赏花卉

 生意经

为了突出店铺的特色，可以进行一些个性化的装饰。例如，在店内放置一些独特的花艺作品或艺术工艺品，可以吸引顾客的眼球，提升店铺的艺术气息。

案例分享

××鲜花店在选址过程中，充分考虑了客流量、交通条件、目标顾客群以及竞争对手等情况。经过市场调研和分析，店主选择了市中心的一个繁华商业街区作为店铺地址。该区域客流量大，且周边有多个写字楼、商场和住宅小区，目标顾客广泛。同时，该区域交通便利，顾客可以乘坐公交、地铁到达店铺。

在装修设计上，××鲜花店注重营造温馨、浪漫的购物环境。店铺外观采用了清新的绿色，并搭配简约时尚的门窗，以吸引路人的目光。进入店内，柔和的灯光、舒适的温度和宜人的香气让人倍感温馨。店内空间布局合理，鲜花摆放有序，方便顾客挑选。同时，

店铺还设置了休息区，供顾客在选购之余休息聊天。

为了提升店铺的品牌形象和吸引力，××鲜花店还在装修中融入一些特色元素。例如，在店内摆放了一些与花卉相关的艺术品和装饰品，营造出浓厚的艺术氛围；同时，店铺还推出了花束定制服务，根据顾客的需求和喜好设计专属花束，增加了顾客购物的趣味性。

通过精心选址和装修设计，××鲜花店开业后迅速吸引了大量顾客。店铺的销售额稳步上升，品牌形象也得到了提升。顾客对店铺的装修风格和环境氛围赞不绝口，纷纷表示愿意成为店铺的常客。

案例点评：

这个案例表明，合理的选址和精心的装修设计对于鲜花店的成功经营至关重要。充分考虑目标市场、顾客需求和竞争环境等因素，选择合适的店铺地址；同时，营造舒适、温馨的购物环境，提升店铺的品牌形象和吸引力，可以帮助鲜花店在激烈的市场竞争中脱颖而出。

第 3 章

开业筹备与
宣传大作战

关键词:
统筹安排
手续齐备
宣传造势

任何事情，都应做好周密而细致的准备工作，开店也是如此。开店要重视每一个细节，尽可能面面俱到。只有做好充分的准备工作，才能为以后的经营铺平道路。

【要点解读】▶▶▶- - - - - - - - - - - - - - - - - -

1 设备采购：设备齐全，开业无忧

作为专业的鲜花店，需配备一些关键的机器设备，以提高工作效率和产品质量，从而为鲜花店的经营带来更多的利润和商机。

1.1 展示架/展示台

鲜花店的展示区是必备的空间，不管是花材陈列、作品展示，还是各种辅材存放，都需要有各自的区域。

花架是展示花卉的重要器具。巧妙地布置花架，可以将花卉的特点和色彩展现得淋漓尽致，从而吸引更多的顾客。选择合适的花架展示设备，能为鲜花店增添一丝独特的风格。

生意经

店主可结合店面的空间布局与风格，将花艺作品及花材进行组合展示，营造出一步一景的视觉效果，为顾客带来视觉与感官的多重享受。

1.2 工作台/操作台

工作台是鲜花店的主要操作平台。包装花束、整理花材时很容易将工作台周边弄得比较脏乱，所以应该将工作台放在花店相对隐蔽的地方。

若花店空间较大，或花店有沙龙服务，也可以将工作台放在明显的地方，但一定要随时打扫，保持干净整洁。

1.3 保鲜柜

保鲜柜是鲜花店的核心设备之一，能够为花卉提供适宜的温度和湿度，确保花卉的新鲜度和寿命。一款高品质的保鲜柜，不仅能延长花卉的保质期，还能为顾客提供更加优质的产品。

相关链接

鲜花保鲜柜选购全攻略

一、如何挑选鲜花保鲜柜

1.根据店铺大小确定保鲜柜类型

挑选保鲜柜时，要考虑店铺的大小。如果店铺的面积较小，可以优先考虑卧式鲜花保鲜柜，最大限度地利用空间，保存更多的花材。如果店铺的面积较大，可以选择直立式保鲜柜，这样可以更好地展示各种鲜花。

2.根据产品特性来选择鲜花保鲜柜

（1）应该从多个层面考虑，如保鲜柜的外观设计、型号规格、容积和外部标识等。

（2）查询不同品牌保鲜柜的特点。

（3）了解制冷压缩机的品牌和原产地。制冷压缩机是保鲜柜的核心，决定了保鲜柜的特性、噪声、使用期限和能耗等。

（4）了解产品的售后服务、市场信誉度。选择一个有售后保障的品牌，可方便日后设备的维修与保养。

二、保鲜柜使用的注意事项

（1）鲜花保鲜柜的放置，要远离炉具、暖气和其他的一些热源。最好是放置在温度低、通风良好的地方。四周要留有适当的空间，以便于保鲜柜散热。

（2）将鲜花放入保鲜柜时，尽量不要触碰到保鲜柜柜壁，摆放不可过于拥挤。柜内各行容器之间、容器与柜壁之间、花与柜壁之间，都要留有一定距离，且鲜花摆放应尽可能远离冷气出口。

（3）要定期清洗保鲜柜散热过滤网，这样不仅能保证制冷效果，还能减少能耗。

1.4　电脑

电脑是现代鲜花店不可或缺的办公设备。通过电脑，店主可以轻松管理订单、顾客信息、库存等，提高工作效率。同时，店主还可以及时了解市场动态和行业信息，作出更加明智的决策。

1.5　收银系统

收银系统是鲜花店的核心收款工具。一款优秀的收银系统，能为顾客提供更加便捷的支付体验。同时，收银系统还可以帮助店主管理订单和顾客信息，从而提高工作效率和顾客满意度。

1.6　灭火器

灭火器是花店必不可少的消防设备。干花是易燃物品，一旦起火，后果不堪设想。因此，在鲜花店配备灭火器是非常必要的，可以有效防范火灾风险，确保员工和顾客的安全。

1.7　空调

空调是鲜花店重要的温度调节设备。花卉对温度和湿度的要求较高，适宜的温度能够保证花卉的新鲜度。空调可以有效地调节店铺室内温度和湿度，为花卉提供适宜的生长环境。同时，空调还可以为顾客提供舒适的购物环境，提高顾客的满意度。

1.8　花束绑扎机

花束绑扎机是制作花束的机器设备，可以快速、方便地绑扎花材，提高工作效率，同时，还可以保持花束的美观和坚固。其使用方法也非常简单，将花材放入花束绑扎机中，按下按钮即可完成绑扎。

1.9 切花机

切花机是一款专业的切花设备，可以帮助店员快速、高效地完成切花工作。切花机，可以大量减少人力和时间成本，同时还能保证切花的质量和规格，是鲜花店中不可或缺的设备。

2 产品选品：精挑细选，保证品质

店主应根据市场调研结果和店铺定位，选择合适的产品种类和款式。并与可靠的供应商建立合作关系，确保鲜花和其他相关产品的质量和稳定供应。

3 人员招募：组建团队，共创辉煌

店主应根据店铺规模和业务需求，招聘合适的员工，包括花艺师、销售员等。同时对新员工进行系统的培训，包括产品知识、销售技巧、顾客服务等，确保他们能够快速适应工作并努力提升业绩。

4 手续速办：开业前必做的几件事

哪怕是再小的店，也需要办理相关手续，符合国家法律法规和行业标准的要求。为了能够顺利地开展业务，店主应着手办好下列几件事。

4.1 确定经营主体

目前，经营组织形态大体可分为个体工商户、个人独资企业、一人有限责任公司、合伙企业、有限责任公司或股份有限公司。不同的经营主体，其设立条件、责任承担、税务优惠政策及法律责任也不相同。经营者可以根据自身的需求和实际情况确定合适的经营主体形式。同时，也可以咨询专业人士或律师，获取更准确的建议和指导。

4.2　办理营业执照

营业执照是工商行政管理机关发给企业、个体经营者的准许从事某项生产经营活动的凭证。其格式由国家市场监督管理总局统一规定。没有营业执照的企业或个体经营者一律不许开业，不得刻制公章、签订合同、注册商标、刊登广告、开立银行账户。

申请人需持本人身份证、营业场所证明等相关材料，向当地工商部门申请营业执照。

 生意经

自 2016 年 10 月 1 日起，营业执照、组织机构代码证、税务登记证、社会保险登记证和统计登记证实行"五证合一"。

4.3　注册商标

店主如果想做自己的品牌，可以考虑注册商标，这样能在全国范围内对自己的品牌进行保护，并增加品牌的价值。注册商标需要提供营业执照。店主可在商标注册服务公司注册商标，也可以在知名的商标代理网站进行商标注册。

4.4　开立对公账户

可以选择一家合适的银行，准备好相关材料，如身份证、营业

执照等，申请开立对公账户。

店主可根据店铺的具体情况确定是否需要办理对公账户，如果是比较小的鲜花店，则不需要对公账户。

4.5 申请发票

一般的鲜花店都属于小规模经营，是小规模纳税人，申请普通发票即可。

4.6 办理特殊许可证

如果鲜花店涉及特殊商品或服务，如进口花卉、提供花艺课程等，可能还需要申请相应的特殊许可证。

 生意经

　　不同的城市，所需的证件可能不一样。店主应根据当地政策和实际情况，咨询当地相关部门或专业人士，以确保证件办理的准确性和合规性。

5　宣传造势：营造气氛，开业引流

每一家店铺开业，都希望有个"开门红"。店主要善于利用现有条件为开业造势，以最低的成本获得最好的效果。

5.1 在装修期间为开业造势

很多店主在装修期间的促销是一片空白。短则几天长则数月的装修期，店铺门口人来人往，店主却白白浪费了这个宣传时机。

（1）喷绘广告

店主可以做一个显眼的、临时性的喷绘广告，其花费不是很多。广告内容可以是店铺品牌形象的宣传，也可以是开业促销的措施。

（2）条幅

拉一个条幅，上面写着"距××店开业还有××天"，这样可以让顾客产生期待或好奇，为店铺开业造势。

（3）招聘广告

制作并张贴精美的招聘广告，也是宣传店铺的好办法。开店必然要招聘相关人员，精美的招聘广告可以招来应聘者，同时也是对店铺的一种宣传。店主只需要简单的几句招聘要求，就可以吸引众多目光。

5.2 借节假日为开业造势

一般店铺会选在节假日开业，因为在节假日，大部分人都休息，最有心情购物，是客流量最大的时候。顾客有从众心理，喜欢热闹的、人多的地方。

5.3 营造气氛为开业造势

店铺开业时一定要营造出喜庆的气氛，吸引更多顾客关注店铺。

（1）要买些花篮摆放在门口，营造出开业的气氛。

（2）如果条件允许，可以设置一个充气拱门。

（3）播放一些动感的音乐，既可以掩盖人们的嘈杂声，也可以增加顾客的安全感。

5.4 借促销为开业造势

店铺开业一定要借促销来造势。促销活动包括部分商品打折销售、发放赠品、免费为顾客办理会员卡等。

为了增加促销活动的宣传效果，店主可以利用张贴海报、发传单等方式吸引过往行人，使潜在消费者成为店铺的顾客。

6　试营业：小试锋芒，预热市场

试营业是鲜花店开业前的一个重要环节，对店铺的顺利运营和长期发展具有关键的作用。

6.1　了解试营业的目的

试营业的主要目的是测试店铺的运营流程、检验产品和服务质量，并吸引潜在顾客的关注。通过试营业，店主可以发现并解决潜在的问题，为正式开业做好准备。

6.2　制订试营业计划

在试营业前，店主应制订一个详细的试营业计划，包括试营业的时间、目标、活动内容等，确保试营业有条不紊地推进。

6.3　营造氛围，大力宣传

试营业期间，店主可以通过各种方式营造热闹、喜庆的氛围，吸引顾客的关注。同时，还可利用社交媒体进行广告宣传，提高店铺的知名度。

6.4　检验产品和服务

在试营业期间，店主应密切关注顾客对产品和服务的反馈，及时发现并解决问题。可以通过调查问卷、口头询问等方式收集顾客的意见和建议。

6.5　培训店员，调整流程

试营业是店员熟悉工作流程和服务标准的良好机会。店主可以观察店员的工作表现，进行必要的培训和流程调整，确保店员能够为顾客提供优质的服务。

6.6　关注财务状况和成本控制

试营业期间，店主要密切关注店铺的财务状况和成本控制。通过试营业的财务数据，店主可以了解店铺的盈利能力和运营效率，为正式开业提供参考。

6.7　适度推广和促销

为了吸引更多顾客，店主可以在试营业期间推出一些优惠活动或促销政策。但要注意不能过度依赖优惠活动，应通过优质的服务和产品赢得顾客的信任和满意度。

7　正式营业：扬帆启航，生意兴隆

试营业结束之后，鲜花店就正式营业了。要想在激烈的竞争中脱颖而出，除了花艺过人，还要有优秀的营销方案和开业活动，这对于提高店铺知名度、积累客源来说具有重要作用。

那么鲜花店该如何策划开业活动呢？具体可参考图3-1所示的三个要点。

图3-1 策划开业活动的要点

7.1 明确开业活动的目的

鲜花店开业，最重要的目的是广而告之，表明鲜花店已开门营业，可以提供哪些产品和服务。所以策划开业活动，首先要明确店铺的产品定位，是以花束、花篮等产品为主，还是绿植盆栽、鲜花零售批发，不同的商品类型，策划活动时也要针对不同的顾客群体。

7.2 选择开业活动的载体

开业活动不仅让顾客知道店铺，还可以让店铺顾客建立联系，所以开业活动需要一个或多个载体。

规模大的鲜花店，可以选择专业化程度高的线上渠道，如官网或店铺的网络商城、专业的公众号等。规模小的鲜花店，可采用小程序或微信号。

7.3 选择合适的开业活动形式

开业活动的形式有很多，总的来说可以分成表3-1所示的三大类。

表3-1　开业活动的形式

类型	具体说明	优点	缺点
吸粉类	开业活动简单明了，以宣传为主，吸引更多人的关注，常见的有扫码关注赠送、转发赠送、做任务（如集赞）赠送等	宣传效果明显，获取关注的速度快	顾客群体不精准，转化率低
促销类	常见的有商家折扣、优惠券、代金券、联合活动、商家互动等。这也是较为常见和简单的开业活动	资金回笼速度快，客单成交率高	利润低，顾客忠诚度不高
预售类	预售类开业活动比较少见，多用于节日促销	能根据预售情况提前准备物料；也能对市场的热度有较好的把握	需要花较多时间准备，成本相对较高

🔗 **相关链接** ·····························

花店开业活动大揭秘

1."满减满送"活动

"满减满送"活动虽然很老套，但依然受很多顾客喜欢，因为这类活动切合实际，而且执行起来也简单容易。

2."连环打折"活动

"连环打折"是开业活动中见效最快也最明显的一种吸客方式。常见的形式是第1天5折、第2天6折、第3天7折……

这样的打折确实能在短时间内吸引足够多的人气，毕竟越早购买越便宜。但需要考虑开业初期店铺的承受能力。

3."会员卡充值送"活动

对于大多数花店来说，开业筹备阶段会消耗一定资金，开业初期往往资金匮乏，而储值活动不仅能吸引人气，还是个不错的资金筹集方式。

"充多少送多少"虽说类似于五折销售，但是能筹集资金用于周转，还能带来回头客。至于能不能吸引顾客储值，还得看活动的力度大不大。

4."集赞转发赠礼"活动

"集赞转发赠礼"也是现在常见的一种开业活动。如果赠送的礼品有足够的诱惑力，相信还是有不少顾客愿意参与其中的。

对于花店来说，可以在开业之前就将此作为预热活动。开业时，顾客可凭手机朋友圈集赞截图到店里领取礼品。这样"一传十，十传百"，花店只花很少的宣传成本，就可以收到较大的成效。

5.入门有喜活动

顾客可凭宣传单进店领取一份小礼品，如小花束、干花花束、小挂件等（尽量保证小礼品都有本店Logo）。

6.抽奖活动

开业×天内在本店一次性购物满××元的顾客，可凭购物小票参加抽奖活动。

7.与周边店铺合作

加强与周边店铺如奶茶店、甜品店、美容店、美甲店、餐饮店等的合作，对进店消费满××元的顾客，赠送周边店铺的代金券。

案例分享

"××花艺"是一家新开的鲜花店，位于市中心的繁华地段。店主小陈在开业筹备过程中，注重每一个细节，以确保开业活动顺利进行，吸引更多顾客的关注。

1.精心选址与布局

小陈在选址上下了不少功夫，最终选择了客流量较大的商业街。对店内布局也进行精心设计，营造出温馨、浪漫的氛围。入口处的花艺展示区放置了各种新鲜、美丽的花束和花篮，以吸引顾客的目光。店内还设有休息区，供顾客在选购鲜花时小憩。

2.宣传与推广

在开业前一个月，小陈开始了宣传和推广工作。他利用社交媒体平台发布开业信息，并邀请了一些网红和博主前来探店，将店铺分享给粉丝。此外，小陈还在店铺周边地区投放了宣传单册，以吸引附近居民和上班族的关注。

3.开业活动

开业当天，小陈推出了一系列优惠活动，如满额赠送、折扣优惠等。同时，店内还举办了花艺课程和小型音乐会等互动活动，吸引了更多顾客参与。这些活动不仅增加了顾客的购物体验，也为店铺带来了更多的人气和关注。

4.优质服务

小陈注重提供优质的服务，从顾客进店到离店，都保持着热情、耐心的服务态度。他还为顾客提供了专业的花艺咨询服务，帮助顾客选择适合的花卉和搭配方式。优质的服务赢得了顾客的信任和好评，为店铺积累了良好的口碑。

案例点评：

通过精心筹备和执行，"××花艺"鲜花店的开业活动取得了圆满成功。开业当天，店铺人气爆棚，销售额也超出了预期。这为店铺的长期运营和发展奠定了坚实的基础。

第 4 章

鲜花采购与储存技巧

关键词：
货源可靠
质优价廉
品种丰富

有了可靠、稳定的货源，就有了坚强的后盾，接下来店主可以集中精力提高自身的插花、包装、花艺设计水平，为顾客提供更满意的服务，以获得更多的销售利润。

🔍📝 【要点解读】▶▶▶ -

1 采购渠道：鲜花宝库，货源无忧

在选择供货商时，要权衡花卉供货商的位置与鲜花店的距离。从经济方面考虑，应尽量节约花卉购进的费用，提高店铺的经营利润。一般来说，鲜花店的进货渠道有以下几种。

1.1 全国各大花卉批发集散地

花卉批发集散地是最理想的花卉采购场所，它经营各种花材，是鲜花店的首选供货商。这类市场，花卉品种齐全，供应时间比较灵活，在运输、保管、包装、装卸等方面都比较完善。

如果鲜花店的规模比较大，而且档次比较高，可以加强与国内一些大型鲜花生产基地合作。比如，云南昆明就是全国知名的鲜花生产基地，这里生产的鲜花种类很多，鲜花店直接与之合作，能节省中间代理差价，成本比较低。

生意经

跟国内大型的鲜花生产基地合作，前提是鲜花店的规模足够大，最好有自己的分店，这样可以消化足够多的鲜花，毕竟这种进货的单次进货量是很大的。

1.2　本地花卉市场

鲜花店的进货环节越少越好，这样能节约很多资金。从本地花卉市场采购是比较理想的进货方式。鲜花店进货时要注意，能从一级供货商处进货，就不要从二、三级供货商那里进货。

（1）批发市场进货的优劣势

批发市场进货的优劣势如图4-1所示。

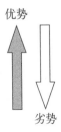

优势

产品的种类很多，不管需要高档的鲜花还是低档的鲜花，都能找到合适的商家

同样的产品，在价格和质量上差别很大，这就需要店主货比三家，选择性价比最高的商家

劣势

图4-1　批发市场进货的优劣势

（2）批发市场进货的注意事项

当店主选择从鲜花批发市场进货时，要注意不同商家代理花卉的质量有所不同。

比如，张三代理的百合质量很好，而且款式很多，但是玫瑰的质量稍差一点；李四在玫瑰的代理上比较专业，而百合则差一点。

这样的话，店主可以和二者共同合作，选择他们质量好的产品，并且长期稳定地采购，从而解决店铺的货源问题，店主可将更多的精力放在花艺和销售上。

生意经

在花卉品种齐全、质量过关的前提下，店主应就近进货，尽量减少运输费用，降低鲜花店的经营成本。

1.3　本地花草苗木种植园

这是花卉培植基地，一般种植比较常见的鲜花，鲜花的种类也比较单一，但是价格能便宜很多，而且新鲜度也有保障。

如果店主就近跟这样的鲜花生产基地合作，可以很好地缓解节日用花大增的问题。

1.4　花卉市场网站

现在是信息化高度发展的社会，店主在寻找花卉供货商时要充分利用网络。规模较大的花卉市场都会有网站，上面会有花卉品种等多方面信息。通过网站，店主也可选择合适的供货商。

相关链接 ·····································

中国花卉产地探秘

1.云南省昆明市

云南省昆明市有斗南花卉市场和国际花卉拍卖中心两大鲜花生产基地,主要种植玫瑰、康乃馨、百合、非洲菊、满天星、情人草、勿忘我等几十种鲜花,这些鲜花能够销往全国各地,在春节的时候最为火爆。

2.广东省广州市芳村

广东省广州市的芳村素有"千年花乡"的称号,花卉种植面积达600公顷,主要有菊花、剑兰、切叶、玫瑰等,已经形成了观叶植物、绿化苗木、盆景、盆花、鲜切花、兰圃等花卉产业,属于我国农业创新实践的先行区。

3.江苏省常州市夏溪

江苏省常州市夏溪的花木市场,建于1994年,是我国花卉种植时间最长的地方。它的花卉品种达1800多种,养殖总面积达2000亩❶,是综合型的一站式交易平台,属于我国农业产业化的龙头企业。

4.天津市滨海区

天津市滨海国际花卉科技园,属于农业产业化的新兴

❶ 1亩＝666.67平方米。

企业，种植的花卉主要用于园林建设、公园绿化，以及景区美化。它的种植面积达3400亩，花卉品种有百合、郁金香、牡丹、杜鹃等。

2 靠谱供应商：质量至上，合作愉快

在选择鲜花供应商时，店主可以考虑表4-1所示的几个因素。

表4-1 选择供应商应考虑的因素

序号	考虑因素	具体说明
1	供应商的信誉度	可以通过查看供应商的历史记录、顾客评价、行业内的声誉等来评估其信誉度
2	产品质量	供应商应确保提供新鲜的、高质量的鲜花。店主可以要求供应商提供样品，或者亲自去供应商的种植基地或仓库进行考察，以确保花材的品质符合店铺的要求
3	供货稳定性	应选择能够稳定供应花材的供应商，以确保店铺的正常运营。店主可通过了解供应商的生产能力和库存情况，确认其能否按时、按量供应花材
4	价格与成本	在选择供应商时，要综合考虑价格与成本。不仅要考虑花材的采购价格，还要考虑运输、储存等成本。选择性价比高的供应商，可以扩大店铺的利润空间
5	沟通与合作	应与供应商建立良好的沟通与合作关系，确保在采购过程中双方能够及时、准确地传递信息

序号	考虑因素	具体说明
6	合同与协议	店主应与供应商签订正式的合同或协议，明确双方的权利和义务，如花材的品质、数量、价格、供应时间等条款，以确保双方顺利合作

通过对以上几个方面进行考虑和评估，店主可以找到可靠的鲜花供应商，为店铺的长期运营和稳定发展提供保障。同时，与供应商建立良好的合作关系，也有助于提升店铺的竞争力和市场地位。

3 花材新鲜度：保鲜技巧，长久绽放

到花市去选购花材，除了要观察花材的开放程度，还要注意花材的新鲜程度，因为它关系到插花作品的寿命。鉴别花材新鲜度的方法如图4-2所示。

 看花枝的长短、粗细、色形、大小以及叶、茎、花的外形、色泽，是否存在枯萎或病虫害；看花材根部是否偏绿，吸水是否流畅

 选购时，可询问商家或懂行者，以获得有益的启发

 不怕不识货，就怕货比货，选购时可货比三家，对外观、色泽及价格等进行比较后，选取较为理想、新鲜的花材

 可通过触摸来判断花苞的紧实度、花茎的硬度和根部的光洁度，从而确定花材是否新鲜

图4-2　鉴别花材新鲜度的方法

常见鲜花的选购要点

1.玫瑰选购要点

（1）花苞：花瓣未折伤、无水伤，花苞结实饱满、具有弹性，以绽放两三成为佳。

（2）花茎：花茎坚实直挺，且切口干净无褐化现象。

（3）叶片：叶片洁净翠绿，无枯黄虫咬现象。若叶片存在灰霉病或白粉病，则花卉品质较差。

2.百合选购要点

（1）花苞：花苞大而饱满，无折伤，以3～4朵、花开一两成为佳。外观需有着色，若颜色非常深，代表成熟度不够，可能不会开花。

（2）花梗：花梗粗、长而直挺。

（3）叶片：叶片完整、青翠，对称生长，无枯黄和虫咬。

3.非洲菊选购要点

（1）花苞：花苞大，花形完整无掉瓣，花瓣外缘无枯黄现象，花色鲜明。

（2）花茎：无病虫害迹象，花茎粗直硬挺，没有萎软折伤，吸水性较好。

4.大菊选购要点

（1）花苞：花苞饱满，以花开四五成为佳。

（2）茎叶：花茎挺直，叶片完整无干枯腐烂现象。梗弯说明花卉品质不佳，属次级品。

5.火鹤花选购要点

（1）花苞：苞叶饱满完整不卷曲，肉穗花序无黑点且色泽鲜艳。

（2）花茎：花茎坚实直挺不弯曲，没有斑点。选购时，注意保鲜管是否满水，花茎在水中是否呈现饱满干净的状态；若水只剩一半，花茎腐烂，说明花材已经放置一段时间了。

6.洋桔梗选购要点

（1）花苞：花苞数量多，单只花苞达3朵以上，花苞硕大、花色鲜明，以花开六七成为佳。

（2）茎叶：茎叶粗硬直挺，叶色鲜绿，无损伤、折伤、病斑，叶片左右对称、完整。

7.蝴蝶兰选购要点

选择花梗长、花朵数多、花形平整、花色鲜润、花瓣厚实的花材。如果花瓣表面有皱褶，代表其已快凋谢。

4 多样化采购：多种选择，满足需求

为了吸引更多顾客，鲜花店在采购时要注重多样化。多样化采购不仅指花材种类多样，还包括花材颜色、形状、尺寸等多样化。表4-2所示是鲜花店多样化采购的一些建议。

表4-2　鲜花店多样化采购建议

序号	采购建议	具体说明
1	深入了解市场需求	（1）定期进行市场调研，了解顾客的喜好和需求变化 （2）分析不同年龄、性别、职业等顾客群体对鲜花的喜好
2	引入多种花材	（1）除了常见的玫瑰、百合、康乃馨等花材外，还可以尝试引入一些不常见的花材，如郁金香、雏菊、非洲菊等 （2）考虑引入一些具有地域特色的花材
3	注重花材颜色与形态的多样性	（1）选择颜色鲜艳、形态各异的花材，为顾客提供更多的选择 （2）尝试将不同颜色和形态的花材进行搭配，设计出独特而吸引人的花束
4	与多个供应商合作	（1）与多个供应商建立合作关系，以便从多个渠道获取花材 （2）与供应商保持密切沟通，了解他们的新品和特色花材，以便及时调整采购计划
5	考虑季节因素	（1）根据季节变化调整采购计划，引入当季的花材 （2）在特殊节日，采购与节日主题相关的花材
6	定期更新花材品种	定期更新花材品种，以保持店铺的新鲜感和吸引力。可以根据市场需求和顾客反馈，调整花材品种和比例

　　通过多样化采购策略，鲜花店可以提供更丰富的花材品种，满足不同顾客的需求，从而提升店铺的竞争力和吸引力。同时，多样化采购也有助于为店铺树立良好的品牌形象。

5　鲜花储藏：科学储存，延长花期

　　决定鲜切花耐储性的因素有两个，即鲜切花的遗传特性和储藏期间的外部环境条件。一般通过调节储藏温度、空气相对湿度、光照等环境条件，来延长储藏期，并保持鲜花的品质。

5.1 鲜花的储藏方法

目前鲜花的储藏方法有图4-3所示的几种。

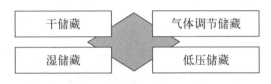

图4-3 鲜花的储藏方法

（1）干储藏

干储藏的最大优点是延长鲜切花储藏期，节省储库空间；缺点是在储藏之前需对鲜切花进行包装，要花费较多的人工成本和包装材料。

为达到良好的储藏效果，应注意图4-4所示的事项。

事项一	一定要选用质量好的鲜切花，并在上午采切。鲜花采切后要立即进行预冷处理
事项二	鲜切花长期处于高湿条件，易受病菌的侵害。因此在储藏前应用杀菌剂喷淋和浸蘸，待晾干后再进行包装
事项三	储藏前用含有糖、杀菌剂和乙烯抑制剂的保鲜液对鲜切花进行脉冲处理，可延长储藏期，并提高鲜切花的储后质量
事项四	一些对重力敏感的鲜切花（如唐菖蒲和金鱼草），若水平放置，易产生向地性弯曲。因此，这些鲜切花应垂直存放和运输

图4-4 干储藏的注意事项

（2）湿储藏

湿储藏法就是把鲜切花置于盛有水或保鲜液的容器中储藏，是一种广泛使用的方法。该方法的优点是不需要包装，可使鲜切花保持高膨胀度。缺点是在冷库中占据较大空间，与干储藏相比，湿储藏的储藏期较短。

一般在湿储藏期间，为防止叶片受损或患灰霉病，应使鲜切花保持干燥，勿喷水。鲜花采切后应立即置于水或保鲜液中。若采切后鲜花干燥了一段时间，湿储藏前应在水中将花茎下端2～3厘米处剪去。容器内水或保鲜液的深度以没过花茎10～15厘米为宜，为避免叶片在水中腐烂，应把下部叶片剪去。湿储藏的保鲜液中含有糖、杀菌剂、乙烯抑制剂和生长调节剂。

（3）气体调节储藏

气体调节储藏是通过精确控制混合气体（主要是二氧化碳和氧气）的比例来储存鲜切花。通常是利用二氧化碳和氧气混合并结合低温，来降低鲜切花的呼吸作用，抑制乙烯的产生，使鲜切花的代谢过程变慢。

现在该方法常用于水果的长期储存，尚未在花卉产业中推广。如果用于花卉储藏，不可盲目照搬，还需要精确测定不同品种鲜切花所需气体的含量、湿度和温度的适宜范围。

（4）低压储藏

低压储藏是把植物材料置于低温、低压下储藏的方法。一般情况下，低压储藏法不能有效防止鲜切花脱水，因此需要连续将湿空气输入储藏室。因储藏系统的价格比较高，目前该方法尚未在花卉产业中广泛应用。但在相同温度条件下，该方法的储存期比常规冷藏法要长得多，具有潜在的应用价值。

5.2 储藏鲜切花的注意事项

在冷藏过程中，鲜切花长时间处于高湿的环境条件，极易感染病虫害，因此，储藏鲜切花要特别注意以下事项。

（1）储藏的鲜切花应健康，并未受病虫侵害。如果鲜切花被病虫害感染，要用化学药剂进行处理。

（2）灰霉病是鲜切花储藏期间常见的病害，往往会给鲜花店带来巨大损失。灰霉病的最初症状是，花瓣和幼叶上出现灰色小斑点，当上面有水分凝结时，会加速病情的发展。如果冷库中的鲜切花表面干燥，采切后能迅速预冷，则常会抑制灰霉病的发展。

（3）为防止储藏期间鲜切花被病菌感染，整个冷库每年都要消毒几次。冷库中无花时，要进行彻底清扫，并用300毫克/升的次氯酸钠溶液或氯胺、石灰水喷洒整个冷库内墙。然后使其保持干燥。

（4）湿储藏用的储藏架、容器和水槽，应定期用洗涤剂或次氯酸钠溶液彻底清洗消毒，并用水冲净，晾干备用。

（5）及时清除冷库内的植物残渣和废弃物。此外，鲜切花不宜与水果、蔬菜储存在同一冷库中。

××鲜花店开业以来，店主小毕采取以下策略和措施，在鲜花采购方面取得了不错的效果。

1.制订采购计划

小毕根据市场需求、季节变化以及店铺特点，制订了一套详细的采购计划。小毕会定期分析销售数据，了解哪些花材受欢迎，哪些花材销售不佳，从而及时调整采购策略。

2.选择可靠的供应商

为了保证花材的新鲜度和质量，小毕选择与一些信誉良好、经验丰富的花卉供应商合作。这些供应商通常有自己的种植基地和专业的采摘、包装团队，能够确保花材的品质和供应的稳定性。

3.定期采购与临时补货

小毕会根据销售情况和市场需求，进行定期采购和临时补货。定期采购通常是每周或每两周进行一次，以确保店铺内有充足的花材。而临时补货则是在特殊节日、活动时进行，以满足顾客的临时需求。

4.验收与储存

当采购的花材到达店铺后，小毕会亲自进行验收。她会检查花材的新鲜度、颜色、形态等，确保符合店铺的要求。同时，她还会根据花材的特性，进行合理储存和养护，使花材保持最佳状态。

5.与供应商保持良好沟通

为了确保采购顺利进行和及时解决可能出现的问题，小毕会与供应商保持密切的沟通。她会定期与供应商交流市场动态、花材供应情况等，以便及时调整采购策略。同时，在遇到问题时，小毕也会及时与供应商沟通协商，共同寻找解决方案。

案例点评：

通过以上采购指南和策略，××鲜花店很好地完成了采购工作，确保了店铺内的花材新鲜、多样，满足了不同顾客的需求，给店铺赢得了良好的口碑和声誉，为店铺的长期运营和发展奠定坚实的基础。

第 5 章

花卉展示与陈列艺术

从营销的角度来说，产品的摆放陈列是很讲究的。摆在什么位置能吸引顾客的注意，哪些产品可以搭配摆放等，都会对产品的销量产生很大的影响。花店的店面不大，所以产品的陈列更加重要。

【要点解读】▶▶▶ -

1 主题陈列：创意呈现，吸引眼球

主题陈列是一种有效的产品展示方式，它能够通过特定的主题将产品和装饰元素结合起来，为顾客创造一个引人入胜的购物环境。对于鲜花店来说，主题陈列不仅可以展示花卉的美，还可以传达与花卉相关的文化和情感。

1.1 主题选择

首先，店主要选择一个与鲜花相关且能吸引顾客的主题。主题可以是季节性的（如春季的"花海盛宴"、秋季的"秋日私语"），也可以是节日性的（如情人节的"浪漫花语"、母亲节的"感恩有您"），还可以与花卉文化、自然环境等有关。

1.2 陈列设计

主题陈列设计的要点如图5-1所示。

色彩搭配	花卉选择	装饰元素
根据主题搭配合适的色彩，营造出相应的氛围。例如，春季主题可以使用明亮的色彩来展现生机盎然的景象；而秋季主题则可以选择暖色调来营造温馨的氛围	选择与主题相关的花卉品种，注重花卉的颜色、形状和寓意。同时，要确保花卉的新鲜度和质量，以呈现最佳的视觉效果	除了花卉本身，还可以添加一些与主题相关的装饰元素，如花瓶、花篮、干花等。这些元素不仅可以增加陈列的层次感和美观度，还可以与花卉相互映衬，提升整体效果

图5-1　主题陈列设计的要点

1.3 陈列布局

主题陈列布局的要点如图5-2所示。

空间布局	高低错落	路径规划
合理利用店铺空间，将产品分布在各个区域。可以设置焦点区域，如店铺入口或中心位置，来吸引顾客的注意力	通过不同高度的陈列架或花台，呈现出高低错落、层次分明的效果。这不仅可以使顾客在各个角度都能欣赏到花卉的美，还可以增加店铺的空间感	设计合理的行走路径，使顾客能够轻松地观看和选择产品。同时，要确保路径通畅，避免过于拥挤或杂乱无章

图5-2　主题陈列布局的要点

1.4 维护与更新

主题陈列需要定期维护和更新，以保持新鲜感和吸引力。可以根据季节、节日或市场需求来调整主题和陈列内容，确保店铺始终保持活力和创新。

总之，通过实施主题陈列，鲜花店不仅可以提升品牌形象和顾客体验，还可以增加销售额和市场份额。因此，鲜花店应该重视主题陈列的设计和实施，不断创新和优化陈列方案。主题陈列效果如图5-3所示。

图5-3　主题陈列效果

2 层次陈列：错落有致，空间感倍增

通过将产品按照不同的层次和高度进行摆放，可以营造出丰富的视觉效果，吸引顾客的注意力。对于鲜花店来说，层次陈列可以突出花卉的美感和多样性，提升顾客整体的购物体验。

2.1　设计原则

层次陈列的设计原则如图5-4所示。

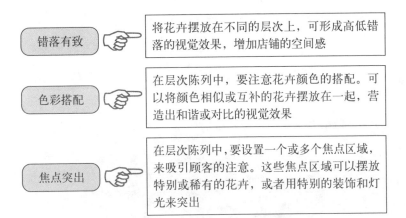

错落有致　将花卉摆放在不同的层次上，可形成高低错落的视觉效果，增加店铺的空间感

色彩搭配　在层次陈列中，要注意花卉颜色的搭配。可以将颜色相似或互补的花卉摆放在一起，营造出和谐或对比的视觉效果

焦点突出　在层次陈列中，要设置一个或多个焦点区域，来吸引顾客的注意。这些焦点区域可以摆放特别或稀有的花卉，或者用特别的装饰和灯光来突出

图5-4　层次陈列的设计原则

2.2　实施步骤

层次陈列的实施步骤如图5-5所示。

（1）根据店铺的空间和风格，选择合适的陈列架或花台。陈列架的高度和宽度应该能够适应不同大小和数量的花卉，同时也要易于清洁和维护。

（2）根据设计原则，规划不同层次的布局。可以将大型花卉放在底层，中型花卉放在中层，小型花卉放在顶层，形成错落有致的视觉效果。

（3）根据规划好的层次布局，挑选适合的花卉品种和数量。在摆放时，要

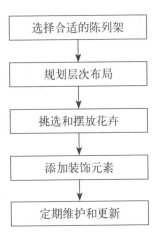

选择合适的陈列架

↓

规划层次布局

↓

挑选和摆放花卉

↓

添加装饰元素

↓

定期维护和更新

图5-5　层次陈列的实施步骤

注意花卉的颜色、形状和寓意的搭配，以及花卉之间的距离和平衡。

（4）在层次陈列中，可以添加一些与花卉相关的装饰元素，如花瓶、花篮、干花等。这些元素不仅可以增加陈列的层次感和美观度，还可以与花卉相互映衬，提升整体效果。

（5）层次陈列需要定期维护和更新，以保持店铺的新鲜感和吸引力。可以根据季节、节日或市场需求来调整花卉品种和陈列方式，确保店铺始终保持活力。

层次陈列效果如图5-6所示。

图5-6　层次陈列效果

3　焦点陈列：突出亮点，引人入胜

在鲜花店中，焦点陈列是一种非常重要的花卉展示方式，它可以吸引顾客的注意力，突出店铺的特色。实施焦点陈列，可以在短时间内让顾客产生强烈的购买欲望。

3.1　确定焦点区域

首先，需要确定店铺的焦点区域。这些区域通常是顾客最容易看到和注意的位置，如店铺入口、中心位置、墙角等。在这些区域陈列花卉，可以最大程度地吸引顾客的注意力。

3.2 选择合适的陈列方式

在确定焦点区域后，需要选择合适的陈列方式来突出花卉。图5-7所示是一些常见的焦点陈列方式。

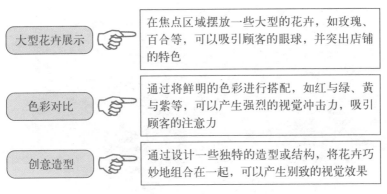

大型花卉展示	在焦点区域摆放一些大型的花卉，如玫瑰、百合等，可以吸引顾客的眼球，并突出店铺的特色
色彩对比	通过将鲜明的色彩进行搭配，如红与绿、黄与紫等，可以产生强烈的视觉冲击力，吸引顾客的注意力
创意造型	通过设计一些独特的造型或结构，将花卉巧妙地组合在一起，可以产生别致的视觉效果

图5-7　焦点陈列的方式

3.3 注重细节处理

除了选择合适的陈列方式外，还需要注重细节，以确保焦点陈列的效果达到最佳。图5-8所示是一些焦点陈列细节处理的建议。

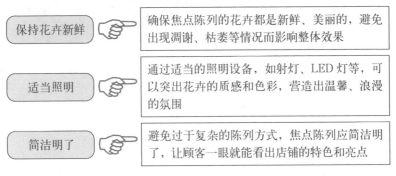

保持花卉新鲜	确保焦点陈列的花卉都是新鲜、美丽的，避免出现凋谢、枯萎等情况而影响整体效果
适当照明	通过适当的照明设备，如射灯、LED灯等，可以突出花卉的质感和色彩，营造出温馨、浪漫的氛围
简洁明了	避免过于复杂的陈列方式，焦点陈列应简洁明了，让顾客一眼就能看出店铺的特色和亮点

图5-8　焦点陈列细节处理的建议

3.4 定期更新和调整

最后，需要定期更新和调整焦点陈列，以保持新鲜感和吸引力。可以根据季节、节日或市场需求来调整花卉品种和陈列方式，确保店铺始终保持活力。

焦点陈列效果如图5-9所示。

图5-9　焦点陈列效果

4　组合陈列：搭配巧妙，美不胜收

组合陈列是一种将不同品种、颜色、形状的花卉巧妙地组合在一起来展示花卉整体美感和协调性的陈列方式。对于鲜花店来说，组合陈列可以有效地吸引顾客的注意，突出花卉的特色，提升店铺销售额。

4.1 设计原则

组合陈列的设计原则如图5-10所示。

和谐统一	突出亮点	注重层次感
组合陈列花卉应该在颜色、形状、寓意等方面保持一致，避免过于杂乱或突兀	在组合陈列中，应该有一或两个亮点花卉，用于吸引顾客的眼球，突出整体陈列的特色	通过不同高度和层次的摆放，可以产生丰富的视觉效果，增加顾客的停留时间和购买欲望

图5-10　组合陈列的设计原则

4.2　实施步骤

组合陈列的实施步骤如图5-11所示。

（1）根据店铺的定位、顾客需求以及市场发展趋势，挑选适合组合陈列的花卉品种。可以选择颜色鲜艳、形状各异或者寓意吉祥的花卉。

（2）根据挑选好的花卉品种，设计陈列方案。可以考虑使用不同高度和宽度的陈列架或花台，以营造层

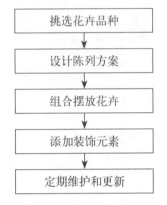

图5-11　组合陈列的实施步骤

次感和空间感。同时，要注意花卉之间的距离和平衡，避免过于拥挤或稀疏。

（3）将挑选的花卉进行组合摆放。要注意花卉之间的颜色搭配、形状对比以及寓意呼应，达到协调、美观的陈列效果。

（4）在组合陈列中，可以添加一些与花卉相关的装饰元素，如花篮、花瓶、干花等。这些元素不仅可以增加陈列的层次感和美观度，还可以与花卉相互映衬，提升整体效果。

（5）组合陈列需要定期维护和更新，以保持店铺新鲜感和吸引

力。可以根据季节、节日或市场需求来调整花卉品种和陈列方式，确保店铺始终保持活力。

鲜花店应该重视组合陈列的设计和实施，通过精心挑选花卉品种、设计陈列方案以及定期维护和更新陈列内容，呈现出美观、协调、有吸引力的效果。组合陈列效果如图5-12所示。

图5-12　组合陈列效果

🔗 相关链接 ···

花材陈列的艺术与技巧

一家花店，门口、橱窗及店内的陈列摆放，都从视觉上影响着顾客的感受，进而影响顾客的消费行为。因此，店主可以按以下要求做好花材的陈列。

1.橱窗或门口陈列要突出花店风格、产品

任何一家门店，都是从店面开始吸引顾客眼球的。因此，对于花店来说，店门口的布置，尤为重要。不管是大花店还是小花店，橱窗或门口都要好好利用起来，该处的陈列与店内的陈列同样重要。橱窗或门口的陈列让顾客还没进店就能感受到店铺风格、花艺水平和鲜花品质。因此，橱窗和门口的布置，最好突出产品和花店的风格，可选择主题式陈列、场景式陈列、系列式陈列等方法。

橱窗或门口陈列效果图

2.店内陈列要突出整体美感

店内陈列比较复杂，具体可分为几个区域。

首先是重点陈列区，空间较大的花店可在店中央设置一块重点陈列区；而空间较小的花店，重点区一般设在门口通道正面以及店内左右两边。重点陈列区可采用主题式、场景式、系列式陈列法；也可采用综合式陈列法，将不同

品种的花卉搭配陈列，尽可能展示出丰富的花卉品种，该陈列法要求花店店主有很强的搭配能力。

对于非重点陈列区，则可根据店内整体风格，结合季节或节日主题，分别陈列。

店内陈列效果图

采用综合式陈列法讲究花卉搭配技巧，切忌一味追求花卉品种的多样性，而使陈列效果杂乱无章。

3.巧用装饰道具，搭配陈列

一个风格独特的花店，除了花卉陈列得美观以外，还要巧妙搭配装饰物品、道具，提高花店的整体美感。

场景式陈列法可利用不同的道具，如特色的花瓶、花盆或者花篮以及玩偶、相框、书籍等，搭建不同场景，花店会变得生趣盎然。而主题式陈列法则可使用小卡片、小海报或者木板提示牌，既能起到装饰作用，又能起到宣传作用。还有的花店会专门定制有特色的花卉陈列柜或花架，不但使店内陈列整齐，还显得美观大方。

巧用装饰道具的陈列效果图

4.提高商品的可见度

首先需要注意的是高度，顾客进店后会看向和他高度相适应的地方，应该把鲜花摆在这个位置。

（1）如果是中小型花店，可以把陈列商品的货架做马蹄形排列。

（2）如果是面积大、花品多的大型花店，可以考虑把花店划分为若干个矩形区域，然后在各个区域将货架做马蹄形排列。

店主还可以充分利用花店的墙面，装饰成美丽的花墙来吸引顾客。

提高商品可见度的陈列效果图

5.突出商品的价值和优点

在摆放鲜花的时候，要充分展示不同花卉的个性与特点。比如：

（1）带香味的鲜花要摆在有最能刺激顾客嗅觉的位置，让顾客快速感受到。

突出商品价值和优点的陈列效果图

（2）那些形式新颖的鲜花作品，则应摆放在顾客最容易看到的位置。

（3）那些价格昂贵、高档的商品，比如高档花瓶、新奇花材等，最好摆放在特殊的货柜内，突显商品的档次。

6.错落摆放

摆放花卉的货架要错落有致，花卉的搭配与分类要合理。多种摆放形式相结合，呈现出百花争艳、芬芳吐翠，能唤起人们的购买欲望。盆花应少而精，鲜切花应品种齐全，仿真花、干花应具有艺术造型，它们或悬于壁架，或插入瓶中，方便顾客选购。

花店陈列效果图

　　××鲜花店位于市中心，店铺面积适中，拥有明亮的橱窗和舒适的购物环境。为了吸引更多顾客，并提高销售额，店主决定实施四季主题陈列策略。

1.春季陈列

　　春季是花卉市场最为活跃的时期，各种花卉争相绽放。在这个季节，××鲜花店以"唤醒春天"为主题进行陈列。橱窗内摆放色彩鲜艳的郁金香、洋水仙和樱花等春季花卉，营造出一种生机勃勃的氛围。店内有不同高度的陈列架，展示各种小巧可爱的花卉，如雏菊、风信子等。同时，利用柔和的灯光照明，突出花卉的柔美和细腻。

2.夏季陈列

　　夏季是热烈而充满活力的季节，××鲜花店以"夏日狂欢"为主题进行陈列。橱窗内摆放太阳花、向日葵和百合等夏季花卉，传达阳光、热情和活力的气息。店内则通过绿色植物的点缀和清凉水景的装饰，营造出一个宜人的购物环境。同时，搭配热销的花束和花篮，满足顾客的不同需求。

3.秋季陈列

秋季是丰收的季节，××鲜花店以"秋之韵味"为主题进行陈列。橱窗内摆放菊花、桂花和海棠等秋季花卉，营造出一种宁静、优雅的氛围。店内则通过丰富的色彩对比，展示出秋季的美丽和魅力。同时，结合中秋、国庆等节日，推出特色花卉促销活动，吸引更多的顾客。

4.冬季陈列

冬季的花卉市场相对冷清，但××鲜花店以"冬日暖阳"为主题进行陈列。橱窗内摆放蝴蝶兰、水仙和圣诞玫瑰等冬季花卉，展示温暖和希望的感觉。店内则通过暖色调的照明和温馨的装饰，营造一个舒适的购物环境。同时，结合元旦、春节等节日，推出特色花卉礼品，让顾客感受到节日的温馨和喜悦。

案例点评：

通过四季主题陈列策略，××鲜花店不仅吸引了更多顾客的关注，还提高了销售额和品牌形象。四季花卉陈列，不仅展示了花卉的多样性，还传达了不同的季节氛围和情感，让顾客在购物的同时也能感受到自然的美好和生活的温馨。

第 6 章

花材保鲜与养护秘诀

关键词：
温度适宜
水分充足
养分供给

不同于家庭，花店有大量的鲜花需要处理，而这些花材的新鲜度与养护方法息息相关。鲜花养护的好坏直接影响花期的长短。对于一些新开的花店，如果不能科学养护，那么高价购入的花材，只能亏本处理。

【要点解读】▶▶▶ — — — — — — — — — — — — — —

1 进店处理：精心呵护，从源头开始

一般情况下，花材进店后，经过常规的处理后，才能进入花艺准备阶段。

1.1 开扎处理

花材到货后，应立即打开包装，取出花材，防止其受到挤压等机械性损伤。

（1）如果鲜切花在正常状态下运输，打开包装后把鲜切花插入加了保鲜液的水中即可。

（2）如果鲜切花在超低温状态下运输，应首先检查其有无低温伤害。将鲜切花置于5～10℃的环境中放置12～24小时后，再转至较高温度的环境下打开包装，以免因环境的突然变化造成花材枯萎。

 生意经

要注意轻拿轻放，减少花材进店后的损失，尤其是红掌等贵重花材，要双手同时拿起，并将有虫害及已腐烂的部分摘除干净。

1.2 修剪

（1）把花材平放在架子上，不要堆压。

（2）剪除花茎底部叶片，以防其在花瓶中腐烂。

（3）花瓣若有枯萎现象，应将其剔除。

（4）将花茎末端剪去2～3厘米，剪口应呈斜面，以增大与水的接触面积，促进水分吸收。

（5）剪切后立即将花材浸入加了保鲜液的水中。

（6）最理想的方法是在水中剪切，可防止空气进入导管形成气栓，妨碍花材吸收水分。

（7）若花材比较新鲜，可减少操作，直接将其放入加了保鲜液的水中。

生意经

> 倾斜45度剪切，易于操作，且能增大花材吸水面积；切口过平，花材易贴住容器底部，无法吸水；切口过斜，则花材伤口创面太大，易感染病菌。

1.3 分门别类

为了便于制作，店员可按自己的习惯分类摆放花材。

1.4 保存

（1）将整理完毕的花材尽快浸入水中。

（2）入水不宜过深，以免水中部分腐烂。不同花材的浸水深度不一样，但最多不要超过30厘米。

（3）每日需换水。在北方的冬季，还需进行防寒处理，以免花材冻伤。花材休眠的适宜温度为4℃左右。

🔗 **相关链接** ··

常见鲜花的处理技巧

1. 玫瑰

首先要预防花头弯曲，可将茎基斜切，并用报纸包妥花叶，然后将整把玫瑰浸入水中。对于已经出现折头的玫瑰，在温室中削去其基部，插入pH为3.5～4.5的保鲜液中便可恢复。玫瑰到货后，在整理时，应先将其松散的外瓣去掉，插入水中的刺、叶也要去除，这样可防止细菌感染伤口。泡水时最好使用漂白液或者是保鲜剂，这样能更好地延长花材寿命。

2.百合

百合到货后，先将枝叶散开，使其透气，然后将基部减去3～5厘米养水，水面以下的叶片都要去除；想要提早开花，可以将其插在温水中；同样，水中加入漂白液或者保鲜剂可以延长花期。

3.康乃馨

去除插入瓶中的叶片，斜切基部后再插入水中。花枝间保持良好的通风，切记不可向花朵喷水，以免腐烂。想要提前开花，可将花茎重新修剪后插入20～24℃的温水中。康乃馨对"乙烯"敏感，必须远离过熟的瓜果蔬菜。在水中加入抗乙烯的保鲜剂，效果更好。

4.非洲菊

先将根部斜切40度切口，再插入水中，添加保鲜剂的效果更佳。一般用铁丝缠绕花茎，以矫正花型，但是这样容易使花茎受伤，非必要不建议用。不要直接在花上喷水，以免长霉。插入花瓶时，不要让其直接触碰花瓶底部，以便吸水，并避免细菌感染。

5.洋桔梗

先整理花束，去掉不好的花瓣与断枝的花朵，然后去掉插入花瓶的叶片，保留4～5片即可，将花束45度剪根，并放入盛有保鲜剂的水中，保持2天剪一次根。花瓶水位不能低于花瓶的1/3。如有保鲜剂，应3～4天更换一次水。没有保鲜剂的，则应每天换水。不宜将花束放置于出风口或通风处，容易使鲜花脱水凋谢，而且也要避免阳光直晒。洋桔梗的花朵不能喷水，否则容易腐烂。在空调间，请将花远离出风口，否则花朵会凋谢得更快。

6.剑兰

剑兰在储存时，必须直立，不要平放，以免花茎弯曲。水中不要加入漂白液，以免叶片枯萎。将花序顶端的小花苞摘除，可以减少弯曲，促进花苞开放。冷藏后再插入保鲜液中，花朵开放效果较佳，且更持久。

7.大花蕙兰

大花蕙兰到货后，要进行保鲜处理，尤其是已出现脱水症状的花材，更要及时采取措施。先在枝条底部切口，然后平放在盛满清水的干净器皿中，使花头连同枝条完全浸入水中，如果枝条漂浮于水面，可用重物将其压实，待5～10分钟后取出，花材便可重现生机。

8.绣球

绣球的保鲜方法与大花蕙兰相似。值得注意的是，绣球枝条切角后，要先抠出枝条内部的白色组织，以便于其顺利吸水。然后再将其直立放入盛满水的干净器皿中，使花头充分没入水中，这样，几分钟后，花材的脱水症状就可明显缓解。

2 保鲜技巧：科学保鲜，延长花期

鲜花保鲜对鲜花店来说，是很重要的事情，只有做好保鲜工作，才能令花材新鲜持久，并减少店铺损耗，降低成本。

花材保鲜的方法有图6-1所示的五种。

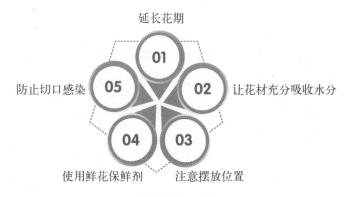

图6-1　花材保鲜的方法

2.1　延长花期

延长花期的主要方法是降低温度、减少阳光照射等。放置花材的房间最好用产生红光的日光灯照明，或用日光灯和白炽灯混合照明，展示窗要避免阳光直射。

2.2　让花材充分吸收水分

具体方法有以下几种。

（1）深水浸泡法

深水浸泡法是指利用水的压力促进花材吸收水分。具体做法是，在制作前将鲜花插入深水中（仅使花头部分露出水面）约20分钟，使花枝吸足水分。

（2）增加切口面积法

将花枝底部切成斜面或呈十字形纵切，以增加切口面积，使花枝吸收足够的水分，并通过导管输送至花枝各部分。

（3）水中剪切法

将花枝浸入水中进行剪切，可以防止空气进入枝茎导管形成气泡而阻碍花枝吸水。

（4）控制剪切高度法

根据鲜花的吸水能力来确定剪切高度。例如，剑兰等吸水性强的花材，可保留较长的花枝；而玫瑰等吸水性较差的花材，则要保留较短的花枝。

（5）叶面喷水法

花材主要是通过花枝切口吸收水分，但花材的枝、叶、花都具有一定的吸水能力，向花材喷水，一方面可促进花枝多吸收水分，另一方面可减少花材枝、叶、花等部分水分的蒸发，达到延长花材保鲜期的目的。因此，要定期向花材或花艺制品喷水，但菊花、康乃馨和百合、勿忘我、黄莺、百日草、扶郎花等品种除外。

2.3　注意摆放位置

有许多内源激素如乙烯，可以加速花枝老化，使花瓣卷缩、褪色、脱落。由于水果在上市前大多经过乙烯的催熟处理，故花材或花艺制品附近最好不要摆放水果。

2.4　使用鲜花保鲜剂

保鲜剂可以有效地延长花材的瓶插时间，并且操作简单，使用方便。鲜花保鲜剂的种类很多，市场上也有成品出售，但为降低成本，花店最好自己调配。

生意经

在配制化学药品及进行花艺制作时，应使用玻璃或陶瓷容器，不要使用金属容器。

2.5 防止切口感染

主要采取定期换水的方法。花艺制品最好使用天然水。使用自来水时应提前放置一天，以防自来水中的某些消毒物质对花枝造成损害。为防止切口感染细菌，还可采取以下三种方法。

（1）切口烧灼法

对于吸水性差的含乳汁及多肉的木质花材，剪切后应立即用火烧焦切口，如一品红、夹竹桃、橡皮树等。用火炙烧，可以制止乳浆外流；否则，花序及枝叶会迅速萎蔫。

（2）切口浸烫法

将花材基部切口浸入5～7厘米深的热水中保持2～3分钟，可杀灭切口处的细菌，还能排出切口处导管内的空气。但应注意的是，浸烫时要将花材上部包好，以免灼伤。

（3）切口涂盐法

将少许食盐涂抹在花枝切口上。

相关链接 ···

抢救萎蔫花材小妙招

因失水过多而萎蔫的花材，抢救得当，同样可以恢复。

对于开始萎蔫的花材，不要立即将其放入水中，应先将其摊在铺有席子的阴凉处，然后立即喷水，经过2～3小时，待花材枝叶稍有舒展后，再用以下方法进行抢救。

1.浸泡法

把花材的花头露出水面，其余部分全部浸泡在水中数小时（具体时间视花材而定），使枝叶充分吸收水分，可使快萎蔫或刚刚萎蔫的大部分花材得以复鲜。

2.倒淋法

将花束在水中重新剪切后，立即放在水龙头下或者用水杯盛水倒淋，利用水流的冲力，迫使导管充分吸水。待花材全部淋湿后，用纸包裹，倒挂或平放在无风且阴凉、潮湿的地方。

3 花材护理：日常养护，美丽常驻

鲜花店每天要处理大量的花材，店主如果不懂得批量养护的方法，会影响鲜花店的正常运行。

3.1 叶材的护理

叶材通用的护理方法如下。

（1）在地上铺一张大纸板或者塑料袋，将叶材平铺在上面，喷水即可。每天翻一次，防止叶材发黄、腐烂。

（2）也可以先在水里浸一下再放到纸箱子里养护，要时刻保持适宜的湿度。

叶材与鲜花养护指南

（1）栀子叶：放入10厘米深的水中即可。

（2）黄莺：需要把杆上的叶子清理掉，用报纸把头部包起来，防止其脱水变干。

（3）水晶草：放入高10厘米左右的水中，不放水也可以做干花。

（4）蓬莱松：将头部用报纸包上，喷水即可，根部浸入高10厘米左右的水中。

（5）散尾：放入10厘米深的水中。

（6）春雨：同散尾。

（7）龟背：同散尾。

（8）排草：将头部用报纸包起来，根部浸入10厘米深的水中即可。

（9）叶上花（高山积雪）：将头部用报纸包起来，加入1/3的水。

（10）常青藤：用纸包起来，喷水即可，根部浸入高10厘米左右的水中，也可以整个泡水里，但是时间不可以超过3天。

（11）唐棉：剪根并将花头用报纸包上，加入1/3的水。

（12）山苏（鸟巢厥）：剪根，加入1/3的水。

（13）新西兰叶、一叶兰：剪根并放入高10厘米左右的水中即可。

（14）春兰叶、浦棒（水烛叶）：剪根，加入1/3的水。

（15）龙柳：剪根，加入1/3的水，不放水可以直接做干花。

3.2　切花的护理

（1）保持水质清洁，需每天换水，每天剪根。泡水的部位要去掉多余的叶子。

（2）远离催热剂——乙烯。远离蔬菜和水果，因为它们会释放大量乙烯，导致鲜花衰败。已败落的花果要及时清理。

（3）适宜的温度，普通花卉保持在5℃左右，热带花卉保持在10～12℃。

（4）注意摆放位置，夏天避免阳光直射，冬天远离风口。

🔗 相关链接 ···

常见鲜花的养护方法

（1）玫瑰：容器中加入1/2的水。

（2）百合：容器中加入1/3或者1/2的水，如花材脱水，可以适当加多一些水。开放的花头，一律朝外摆放。

（3）康乃馨：放入高5厘米左右的水中。

（4）太阳花：第一次拿回来的太阳花不可以剪根，发现有烂根之后再剪掉。放入高10厘米的水中。

（5）剑兰：剑兰根部的叶子要清理干净，泥土要清洗掉，容器中放入1/3的水。

（6）紫罗兰：绝对不可以向花瓣喷水，容器中加入1/3的水。

（7）金鱼草：同紫罗兰。

（8）菊花：花瓣不可喷水，放入高10厘米的水中。

（9）满天星：花头不可以喷水，否则容易变黄、变黑。用塑料袋罩住花头，根部浸入10厘米深的水中。

（10）勿忘我：放入10厘米深的水中，不放水也可以做干花。

（11）红掌：可以直接用营养管，也可以去掉营养管剪根放十几厘米。

（12）洋桔梗：容器中加入1/3的水。

（13）天堂鸟：容器中加入1/3的水。

（14）黄金鸟：同天堂鸟。

（15）千日红：可以做干花，也可以放入5～10厘米深的水中。

（16）蛇鞭菊：不易脱水，因此应少放水，加入10厘米左右的水即可。

（17）跳舞兰：不用拆掉包装，带着棉球养护即可，放入10厘米深的水中。

4 花桶清洁：卫生管理，品质保证

花桶是花店中最为常见的物品，鲜花到货后，常常先放入花桶中，然后再进入制作环节。而花桶与鲜花接触时，往往会成为使鲜花衰败的隐形杀手。

不少花店的花桶内壁，用手触摸会有滑滑的感觉。这是花桶内的细菌堆积引起的，而细菌则是加速鲜切花衰败的重要因素之一。

从理论上说，水分和养分的补给对于鲜花的生长至关重要。鲜花所需的水分和养分是通过导管系统供应的，这些导管一组一组地分布在茎秆中，并不是上下贯通的，其间有着不同的阻隔物，水分和养分则要通过这些阻隔物向上输送。因此，导管的阻塞程度就成为影响鲜花寿命的重要因素。而究其根本，细菌的滋生是造成导管阻塞的重要原因。

以玫瑰花为例，细菌指数达到109时，玫瑰立刻萎蔫；达到107时，玫瑰会严重缺水；当细菌含量在105以下时，玫瑰可以保持良好的状态。

因此，正确清理鲜花桶是相当重要的。

4.1 花桶的清洗

花桶的清洗方法如下。

（1）每周使用84消毒液彻底清洗花桶。清洗前要按照说明书稀释消毒液，然后将花桶置于消毒液中浸泡10～20分钟，最后再人工清洗，这样才能达到彻底杀菌的目的。而只用清水进行简单冲洗是达不到杀菌效果的。

（2）清洗后的花桶要叠放，因此，花桶的内侧与外侧全部要清洗干净。

（3）清洗干净的花桶不要马上使用，应让其自然风干。千万不能用抹布擦干，因为抹布是巨大的细菌源。

（4）花桶在储存时应该桶口向下倒放，以防被细菌污染。

4.2　花材的清洁

正确打理与清洁花材也可以减少细菌的繁殖，方法如下。

（1）将花材下部叶片去掉后再放入花桶中，因为叶片浸在水中会成为巨大的细菌源。

（2）打理花材时不要伤到花茎，因为创伤口是细菌滋生的温床。

（3）再次剪根至关重要。脏物通常都聚集在花茎底部，因此，从根部剪掉2～5厘米，能去除细菌源。

 生意经

　　使用保鲜剂可以有效抑制细菌生长、促进水分吸收，为鲜花生长提供必需的养分。但要注意保鲜剂的浓度配比，不要将新配制的保鲜液与在用的保鲜液混合使用。

 案例分享

　　玫瑰花是鲜花店中非常受欢迎的花材之一，其美丽的外观和浪漫的寓意深受顾客喜爱。然而，玫瑰花的养护较为烦琐，需要一定的技巧。为了确保玫瑰花的品质，延长玫瑰花的寿命，××鲜花店采取了一系列养护措施。

1.选择优质花材

在进货时，××鲜花店挑选的玫瑰花新鲜、无病虫害，花瓣有光泽，花朵颜色鲜艳，花枝长且挺直。

2.适宜的温度和光照

玫瑰花喜欢温暖、光照充足的环境。因此，该店将玫瑰花放置在温度适中、光线明亮的室内。

3.保持水分

玫瑰花需要充足的水分来保持新鲜和美丽。该店每天早晚为玫瑰花浇水，而且花水清洁并添加适量保鲜剂，以延长花期。

4.定期修剪和整理

为了保持玫瑰花的外观整洁和美观，该店定期对其进行修剪和整理，去除枯萎或过长的花枝和叶子。

5.病虫害防治

该店定期检查玫瑰花是否有病虫害迹象，发现问题后及时采取措施，使用适当的药物进行喷洒，确保玫瑰花健康生长。

案例点评：

通过采取以上养护措施，××鲜花店的玫瑰花品质良好、花期较长，顾客的满意度大大提高，回头客的数量也明显增加。同时，店铺的口碑和形象也得到了提升。

第 7 章

礼仪插花与
制作技巧

关键词：
境物和谐
色彩协调
构图完善

鲜花店中最常见的业务就是礼仪插花，它广泛应用于庆典仪式、探亲访友等社交活动中。礼仪插花不是凭空想象的艺术，而是按照顾客的要求，遵循一定的美学原理，借助某些技术手段完成的。

【要点解读】▶▶▶ - - - - - - - - - - - - - - - - - -

1 花材搭配：色彩与形状，和谐之美

在礼仪插花中，花材的选择与搭配至关重要。它不仅决定了花束的整体美感，还直接影响所要传达的情感和主题。

1.1 花材的选择

鲜花的美源自"新鲜"，因此，选购新鲜的花材是制作插花的第一步。挑选花材的过程，也是构思的过程。花艺师应从以下几个方面来考虑。

（1）应当根据花艺制作的目的，来确定花艺作品的主题思想及所用花材。

比如，庆典用花，应选择明亮艳丽、丰满美观、寓意美好的花材；而一般家庭用花，则应选择柔和恬淡、明媚优雅、富有温馨气息的花材。

（2）要考虑季节因素。

比如，春季插花制品，可注重展现生机和活力；夏季插花制品可给人宁静、清凉的感觉。

（3）要考虑个人喜好。

所谓个人喜好，不仅指花艺师的喜好，还包括顾客的喜好。因此，花艺师在构思和选材时要考虑周全。

1.2 花材的搭配

对于花材的搭配，花艺师可从图7-1所示的几个方面来考虑。

 选择一种或两种主花作为焦点，然后用配花和叶子来衬托和补充。主花通常是较大、较显眼的花材，如玫瑰、百合等；配花则可以选择小巧、密集的花材，如满天星、小雏菊等

 颜色的搭配也是非常重要的。可以选择同色系的花材进行搭配，也可以搭配对比系的花材来增加层次感。但无论如何，搭配效果都应该和谐、美观

 不同的花材有不同的形态和线条，通过巧妙的搭配，可以营造出丰富的视觉效果。例如，将曲线优美的花材与直线形花材进行搭配，可以产生对比和动态感

图7-1　花材搭配的要点

花材形状与搭配艺术

花材根据形态的不同可分为线状花材、团状花材、散状花材和特殊形状花材。

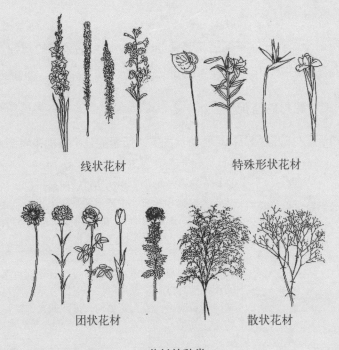

线状花材　　　　　特殊形状花材

团状花材　　　　　散状花材

花材的种类

不同形态的花材，特点与作用不同，在插花作品中的表现力也不同。

各种形态花材对比表

形态	特点	作用	常见种类
线状花材	长条形或枝条形的叶片、枝条或者花束	作为花艺造型的基本架构	唐菖蒲、龙柳、文心兰、排草、巴西铁、吊兰、银芽柳等
团状花材	花朵或叶子比较大，有重量感	作为整个插花作品的焦点或用来重叠、铺垫等	月季、非洲菊、百合、康乃馨、向日葵、菊花、大丽花、牡丹
散状花材	由多个很小的个体以松散或紧密的形态集结而成	用来填充、平衡和调和色彩	满天星、勿忘我、情人草、加拿大一枝黄花等
特殊形状花材	形体较大、形态奇特、容易引人注目	用作焦点花	马蹄莲、天堂鸟、红掌、帝王花等

1. 线状花材

线状花又称线形花，是构成花型轮廓和基本骨架的主要花材。各种长条形的植物根、茎、叶和枝条，如唐菖蒲、蛇鞭菊、菠萝菊、飞燕草、紫罗兰、金鱼草、贝壳花、香蒲、银芽柳、红瑞木、龙桑、苏铁、散尾葵、尤加利、一叶兰、朱蕉等，都是较好的线状花材。

线状花材有曲直、粗细之分，表现力各异。曲线优雅抒情、自然飘逸，富有动感；直线端庄、刚毅，表现出旺盛的生命力；粗线雄壮、有力，体现出阳刚之美；细线纤弱、秀美，表现清新温柔之态。

2.团状花材

团状花材又称圆形花，花朵一般呈圆团状，如玫瑰、月季、菊花、香石竹、百合、非洲菊、郁金香、鸢尾、睡莲和草原龙胆；花序呈圆团状或块状，如天竺葵、八仙花、百子莲等。从几何的角度来说，这类花又被称为点状花，常插在骨架轴线范围内，在造型中作为焦点花材使用。一些叶片平展的花材，如龟背竹、绿萝、海芋、鹅掌柴等，也是很好的焦点花材。

3.散状花材

散状花材又称散点花，通常是由许多简单的小花组成大型、蓬松、轻盈的花序枝，如满天星、霞草、勿忘我、情人草、黄莺、落新妇、茴香、文心兰、石斛兰等。这些花材如薄雾，如轻纱，给人朦胧、梦幻之感，通常散插在主要花材之间，起填充、陪衬和烘托的作用。

4.特殊形状花材

特殊形状的花材，顾名思义是指形状奇特的花材。这类花材一般形体较大，1～2朵足以引起人们的注意，常作为焦点花材来使用。常见的特殊形状花材有鹤望兰、黄芭蝎尾蕉、红掌、马蹄莲、卡特兰等。

2 花泥使用：稳固基础，方便造型

在礼仪插花中，正确使用花泥是非常重要的，可以确保花材的稳定性和美观度，又能延长花束的寿命。

2.1 花泥的使用步骤

花泥的使用步骤如图7-2所示。

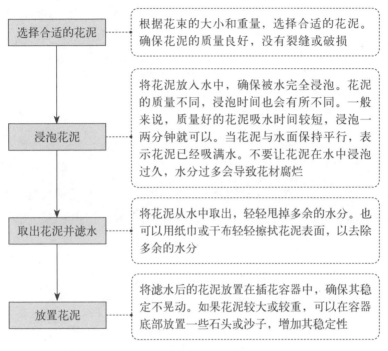

图7-2 花泥的使用步骤

2.2 注意事项

使用花泥的注意事项如表7-1所示。

表7-1 使用花泥的注意事项

序号	注意事项	具体说明
1	避免花泥过度暴露	在插花过程中，尽量避免将花泥过度暴露在空气中。因为花泥一旦暴露在空气中，就会干燥并失去固定能力。所以，要确保花泥始终被花材覆盖

序号	注意事项	具体说明
2	定期浇水	即使花泥已经吸满水，但在插花过程中，花材会消耗水分。因此，需要定期给花泥浇水，以保持其湿润度和固定能力。同时也要注意，不能过度浇水，以免花材腐烂
3	注意花泥的保质期	花泥也有保质期，过期的花泥可能会失去固定能力。因此，在使用前要注意检查花泥的保质期

3 花枝处理：巧手修剪，完美呈现

在礼仪插花中，花枝的处理是非常关键的一步，它直接影响最终作品的美观度和整体效果。表7-2所示是花枝处理的技巧。

表7-2 花枝处理的技巧

序号	处理要点	具体说明
1	修剪花枝	对花枝进行修剪，去除多余的叶子和枝条，使花枝看起来更加整洁和有序。修剪时，要注意保持切口平整，避免撕裂花枝
2	整理花瓣	对于一些花瓣较多、较密集的花材，如玫瑰、牡丹等，要进行花瓣整理。轻轻拨开花瓣，使其呈现出自然、优美的形态。同时，要去除一些残破、不完整的花瓣，保持整体的美观
3	弯曲花枝	为了增加作品的层次感和动态感，可以对一些花枝进行弯曲处理。弯曲时，要根据花枝的特性和希望达到的效果来选择合适的角度和力度。可以使用手指轻轻弯曲花枝，也可使用专业的花枝弯曲工具
4	固定花枝	在插花过程中，要注意固定花枝的位置和角度。可以使用花泥、细铁丝、专用花托等工具来固定花枝，确保花枝稳定、不晃动，并且角度和位置符合设计要求

序号	处理要点	具体说明
5	注意比例	在处理花枝时，要注意花枝的长度和比例。一般来说，主花枝应该比配花枝长一些，以突出主题和焦点。同时，不同花枝之间也要保持适当的比例关系，使整个作品看起来更加协调、美观

4 花色搭配：色彩魔法，视觉盛宴

在礼仪插花中，配色是非常重要的一环，它将直接影响整个作品的美感和情感传达。表7-3所示是礼仪插花的配色技巧。

表7-3 礼仪插花的配色的技巧

序号	配色要点	具体说明
1	了解颜色基础知识	在进行配色之前，应了解颜色的基础知识，包括色相、明度、纯度等概念，以及冷暖色、对比色、互补色的配色关系。这些知识可以帮助店主更好地选择和搭配颜色
2	确定主题和风格	根据插花的主题和风格，进行颜色搭配。庆典场合可以选择鲜艳、热烈的颜色，如红色、黄色等；而婚礼场合则可以选择柔和、浪漫的颜色，如粉色、白色等
3	注意颜色的和谐与对比	在配色时，要注意颜色的和谐与对比关系。可以选择相近的颜色进行搭配，营造出柔和、协调的氛围；也可以选择对比强烈的颜色进行，突出重点和亮点
4	利用色彩心理学	色彩心理学是研究颜色如何影响人类心理和行为的学科。在礼仪插花中，可以利用色彩心理学来进行颜色搭配。例如，红色代表热情、活力，适合庆典场合；蓝色代表冷静、沉稳，适合纪念活动等
5	注重细节处理	在配色时，还要注重细节处理。可以在花束中加入一些小巧、鲜艳的花材或叶子，以增加整体的层次感和丰富度。同时，也要注意花枝之间的颜色搭配和呼应关系

花色搭配以色彩相和为佳，和则生动、神气。具体应根据插花的目的、环境要求以及花材的容器条件进行搭配。

5 花束造型：创意无限，独具匠心

在礼仪插花中，造型设计非常关键。一个精美的造型不仅能够提升花束或花篮的整体美感，还能够更好地传达情感和主题。在设计花束造型时，应注意表7-4所示的要点。

表7-4　设计花束造型的要点

序号	设计要点	具体说明
1	确定主题和风格	要根据场合、用途和顾客的喜好来确定插花的主题和风格。例如，婚礼场合可以选择浪漫、优雅的造型，而庆典场合则可以选择热烈、欢快的造型
2	选择合适的主材和配材	根据主题和风格，选择合适的主材和配材。要注意主材的形态、颜色和质感，以及它们之间的搭配和呼应关系。同时，也可以加入一些配材，如绿叶、果实、枝条等，以增加整体的层次感和丰富度
3	注重色彩搭配	在造型设计中，色彩搭配是非常重要的。要注意色彩的和谐与对比关系。同时，也可以利用色彩的渐变、呼应等技巧来展现更加丰富的视觉效果
4	考虑空间布局	在造型设计中，要考虑整体的空间布局。要注意花枝的高度、宽度和深度，以及它们之间的比例关系。同时，也要注重花枝的弯曲和伸展方向，以呈现更加立体、自然的造型

序号	设计要点	具体说明
5	注重细节处理	在造型设计中，要注意花叶的整理、花枝的固定、花材的搭配等细节问题。同时，也可以在花束或花篮中加入一些小巧、精美的装饰物，如丝带、小花等，以增加整体美感和精致度

 案例分享

案例1：婚礼花束

顾客需求，为即将到来的婚礼制作精美花束。

设计思路，选择粉色和白色玫瑰作为主要花材，搭配绿色的桔梗和尤加利叶，营造浪漫、优雅的氛围。在花束中装饰一些小巧的珍珠和丝带，增添一丝华丽感。

制作过程，首先，修剪花材，去除多余的叶子和枝条。然后，使用细铁丝和花泥固定花枝，保持花束的稳定。接着，按照设计思路进行配色和搭配，注意花枝之间的比例和关系。最后，加入装饰物，完成花束的制作。

结果反馈，顾客对花束非常满意，认为它完全符合婚礼的浪漫氛围，并为整个婚礼增添了一丝优雅和华丽。

案例2：庆典花篮

顾客需求，为公司的庆典活动制作一个大型花篮。

设计思路，选择红色、黄色和橙色郁金香作为主要花材，搭配绿色的叶片和果实，营造热烈、欢快的氛围。在花篮中加入一些小巧的彩带和装饰品，提升整体的美感和精致度。

制作过程，首先，选择合适的花篮和花泥。然后，按照设计思路进行花材的搭配和配色，注意保持花枝的稳定和整体的比例关系。接着，使用细铁丝固定花枝，确保花篮稳定和美观。最后，加入彩带和装饰品，完成花篮的制作。

结果反馈，顾客对花篮非常满意，认为它完美地融入了庆典活动的热烈氛围，并为整个活动增添了一份欢乐和喜庆。

案例3：生日花束

顾客需求，为朋友的生日制作一个特别的花束。

设计思路，选择朋友喜欢的"蓝色妖姬"作为主要花材，搭配白色的满天星和绿色的尤加利叶，营造清新、浪漫的氛围。在花束中加入一张写有祝福的小卡片，增添一份温馨和感动。

制作过程，首先，修剪花材，并选择合适的包装纸和丝带。然后，按照设计思路进行花材的搭配和配色。接着，使用细铁丝和花泥固定花枝，保持花束的稳定。最后，将小卡片固定在花束上，使用包装纸和丝带进行包装。

结果反馈，顾客对花束非常满意，认为它不仅与朋友的喜好和生日氛围相符，通过小卡片还传递了一份深深的祝福和关怀。

案例点评：

这些案例展示了鲜花店在礼仪插花方面的创意。掌握顾客的需求和喜好、花材的特性和设计技巧，鲜花店可以呈现出符合不同场合和主题的精美插花作品。

第 8 章

业务拓展与探索新领域

关键词:
开拓创新
吸引顾客
增加收入

鲜花行业充满了商机,要想在这个行业中取得成功,鲜花店需要不断创新和拓展业务范围。通过多元化经营,鲜花店可以为顾客提供丰富的产品和服务,提高市场竞争力和盈利能力。同时,也可以塑造品牌形象,提升品牌价值和影响力。

【要点解读】▶▶▶ -

1 增加产品线:丰富多样,满足需求

增加产品线是鲜花店拓展业务的重要手段之一,能满足多样化的顾客需求,增加收入来源,提升店铺的竞争力。鲜花店可通过表8-1所示的项目来增加产品线。

表8-1 鲜花店可增加的产品项目

序号	项目	具体说明
1	花卉	除了常见的玫瑰、百合外,鲜花店可以引入更多的特色花卉,如蝴蝶兰、郁金香、牡丹等

序号	项目	具体说明
2	植物	除了传统的盆栽植物外，鲜花店还可以增加多肉植物、空气净化植物等，满足不同顾客的需求
3	干花	提供干花制品，如干花束、干花装饰等，作为长期保存的纪念品或装饰品
4	仿真花	仿真花卉产品，具有较长的使用寿命和较低的维护成本，适合长期装饰的顾客
5	花艺工具	提供花艺剪刀、花艺线、花艺胶等工具，方便顾客自己制作花艺产品
6	花艺配饰	花艺丝带、花艺珠子、花艺铁丝等配饰，能增加花艺作品的美观度
7	花肥与营养液	提供花卉的专用肥料和营养液，可帮助顾客更好地养护花卉
8	防虫剂与防菌剂	提供花卉防虫剂和防菌剂，可帮助顾客预防花卉病虫害
9	花卉书籍	引入花卉相关书籍，如花卉种植技巧、花艺设计等，可为顾客种植花卉提供参考
10	特色礼品	推出与花卉相关的特色礼品，如手工干花、花卉香水、花卉蜡烛等，可以为顾客提供更多的选择，增加鲜花店的竞争力

在增加产品线的过程中，鲜花店需要注意图8-1所示的几点。

市场调研 在增加新产品前，进行市场调研，了解目标顾客的需求和喜好，确保产品符合市场需求

品质保证 　无论增加何种产品，都要确保品质，维护店铺的口碑和形象

图8-1

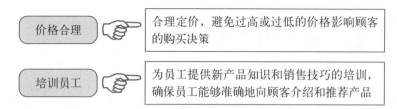

图8-1 增加产品线的注意要点

2 花艺课程：传授技艺，分享美好

开设花艺课程是鲜花店拓展业务、增加收入的一种有效方式，同时也能提升店铺的品牌形象，吸引更多的顾客。对此，鲜花店需做好图8-2所示的工作。

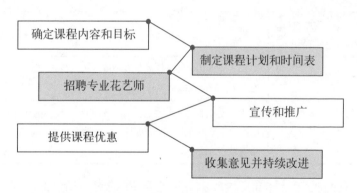

图8-2 开设花艺课程的要点

2.1 确定课程内容和目标

花艺课程的内容包括基础花艺知识、花材识别与选购、花束制作、花篮设计、空间布局等。鲜花店可以设计初级、中级和高级课程，以满足不同水平学员的需求。

2.2 制定课程计划和时间表

根据课程内容，制订详细的课程计划和时间表。确保课程安排合理，学员能够充分掌握所学内容。

2.3 招聘专业花艺师

为了保证课程质量，鲜花店可招聘具有丰富经验和专业技能的花艺师担任授课老师。花艺师应具备较强的教学能力和沟通能力，能够有效地传授花艺知识。

2.4 宣传和推广

鲜花店可通过店铺、社交媒体、网络平台等多种渠道宣传花艺课程，发布课程信息、学员作品、花艺师介绍等内容，以吸引潜在学员的关注和兴趣。

2.5 提供课程优惠

为了吸引更多学员，鲜花店可以提供课程优惠活动，例如，购买多门课程可享受折扣优惠，推荐新学员可获得奖励等。

2.6 收集意见并持续改进

在课程结束后，收集学员的意见，对课程内容、教学方式等进行改进，不断提高课程质量和学员满意度。

 生意经

通过开设花艺课程，鲜花店不仅可以增加收入，提升品牌形象和店铺知名度，同时，也能为学员提供一个学习和交流的平台，增加顾客的忠诚度和黏性。

3 花卉租赁：专业服务，绿色办公

花卉租赁是鲜花店提供的一项额外服务，旨在满足顾客临时性或长期性的需求。通过花卉租赁，鲜花店不仅能够增加收入，还能与顾客建立更紧密的关系。开展花卉租赁业务需做好图8-3所示的工作。

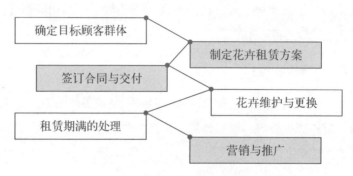

图8-3　花卉租赁工作的要点

3.1　确定目标顾客群体

（1）识别潜在顾客。确定哪些顾客群体可能对花卉租赁感兴趣，如商场和酒店管理人员、会议组织者等。

（2）了解顾客需求。了解顾客的装饰风格、预算和租赁期限等，以便提供符合要求的花卉租赁方案。

3.2　制定花卉租赁方案

（1）制定多样化的租赁方案。根据顾客需求，提供不同规模、风格和价格的花卉租赁方案。

（2）确保花卉品质。提供新鲜、健康的花卉，确保它们在租赁期内保持良好的状态。

3.3 签订合同与交付

（1）明确合同条款。在合同中明确租赁期限、价格、花卉种类和数量、维护责任等内容。

（2）按时交付。在约定的时间内将花卉送达顾客指定的地点，并确保花卉摆放整齐、美观。

3.4 花卉维护与更换

（1）定期维护。根据顾客需求和花卉生长情况，定期派遣员工前往顾客处进行花卉浇水、修剪和更换等工作。

（2）灵活调整。在租赁期间，根据顾客的需求，灵活调整花卉的种类、数量和布局。

3.5 租赁期满的处理

（1）花卉回收。当租赁期满，按照合同约定的时间回收花卉，并确保花卉在运输过程中不受损坏。

（2）顾客关系维护。与顾客保持联系，收集他们的意见与建议，以便不断改进和优化花卉租赁服务。

3.6 营销与推广

（1）利用社交媒体宣传。通过社交媒体平台展示精美的花卉照片和成功案例，吸引更多潜在顾客。

（2）合作推广。与当地的商场、酒店等场所建立合作关系，提供优惠的租赁价格，以吸引更多顾客。

4 社区业务：深入社区，服务邻里

社区物业管理的其中一项任务就是为住户创造优美的环境，这也为花店扩大业务范围提供了机会。

4.1　善于抓住机会

如果店主能把花店的花材设计成绿化作品，为小区的生活环境增添色彩，那么就可以为自己争取到很多业务。鲜花店可以将花艺作品摆放在社区的显著位置，如社区花园、社区宣传栏、社区门口等，以便吸引住户的目光和兴趣。

4.2　承担绿化养护工作

小区的绿化是每日必不可少的工作，也是一项技术性强的工作。如果鲜花店承接了此项业务，为每一位绿化养护员配备带有花店标识的工作服，那么可以让小区的居民对花店有一个比较直观的认识，为花店推出家庭绿化服务奠定基础。

4.3　开展家庭绿化系列服务

随着小区绿化业务的开展，鲜花店可以为各家各户开展家庭绿化系列服务，包括定时换花业务、电话订花业务、绿化设计业务等，如图8-4所示。

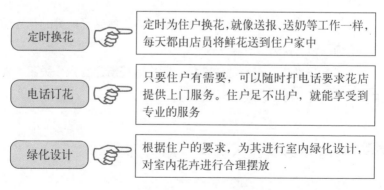

图8-4　家庭绿化系列服务项目

案例分享

××花店是一家位于市中心的传统鲜花店，拥有近十年的经营历史。然而，随着市场竞争的加剧，店主曾女士意识到单纯销售鲜花已经难以满足顾客的多样化需求。为了应对这一挑战，她决定对花店进行改革。

1.多元化策略

（1）花艺课程与工作坊。除了销售鲜花和绿植，曾女士还在店内开设了花艺课程和工作坊。她邀请了专业的花艺师来讲授各种花艺技巧，如花束制作、花篮设计、花艺装饰等。顾客可以在这里学习花艺知识，亲手设计属于自己的花卉作品，体验创作的乐趣。

（2）室内绿植软装服务。针对现代人对室内环境美化的需求，曾女士提供了室内绿植软装服务。她根据顾客的需求和风格，为顾客推荐并搭配适合的绿植和花卉，打造舒适宜人的生活环境。这一服务受到了许多顾客的欢迎，也成为店铺的一大特色。

（3）花卉礼品定制。为了满足不同顾客的需求，曾女士提供了花卉礼品定制服务。可以根据顾客的喜好和预算，选择不同的花卉品种、花束包装和配送方式等，为顾客定制独一无二的花卉礼品。这一服务不仅满足了顾客的个性化需求，也提升了店铺的盈利能力。

（4）线上销售与社交媒体推广。为了扩大市场份额和吸引更多

顾客，曾女士将店铺的线上销售与社交媒体推广相结合。她在各大电商平台开设了店铺，并在社交媒体上定期发布花艺教程、新品推荐和活动信息等内容，与顾客进行互动和交流。

2.成果与影响

通过多元化经营策略的实施，××花店不仅提高了顾客的满意度和忠诚度，也增加了店铺的收入。花艺课程和工作坊的开设吸引了众多花艺爱好者，提高了店铺的知名度和口碑。室内绿植软装服务和花卉礼品定制服务也为店铺带来了稳定的客源和额外的收入。同时，线上销售和社交媒体推广的结合进一步扩大了店铺的市场影响力，吸引了更多潜在顾客。

案例点评：

××花店的多元化经营策略不仅为顾客提供了更丰富的产品和服务体验，也为店铺带来了更多的商业机会和发展空间，为鲜花店行业带来了新的发展思路和方向。

第 9 章

日常运营与管理精要

关键词：
优化管理
高效运营
持续盈利

鲜花店通过有效的日常管理，可以提高顾客满意度，增加销售额，确保店铺正常运营。

1 员工管理：团队建设，激发潜能

员工管理是鲜花店的一项重要任务，它关系到员工的工作效率、优质的顾客服务以及店铺的正常运营。表9-1所示是一些有效管理员工的建议。

表9-1　有效管理员工的建议

序号	管理建议	具体说明
1	招聘与选拔	（1）明确岗位职责：在招聘前，明确每个岗位的职责，以便招聘到符合要求的员工

序号	管理建议	具体说明
1	招聘与选拔	（2）选拔合适的员工：通过面试、测试等方式，选拔具备相关技能和经验的员工，确保他们能够胜任店铺的工作
2	培训与发展	（1）提供必要的培训：为新员工提供必要的培训，包括花卉知识、销售技巧、顾客服务等，帮助他们快速融入工作 （2）鼓励员工发展：为员工提供学习和发展的机会，提升他们的专业能力和职业素养
3	设定明确的目标	（1）设定明确的工作目标：与员工沟通，并设定明确的工作目标，确保员工清楚自己的工作重点 （2）定期评估：定期对员工的工作表现进行评估，鼓励员工持续改进和提升
4	建立激励机制	（1）制定奖励制度：对表现优秀的员工给予物质和精神上的奖励，激发员工的工作积极性 （2）提供晋升机会：为员工提供晋升机会，让他们看到店铺的长期发展
5	营造积极的工作氛围	（1）建立良好的沟通机制：鼓励员工相互沟通和合作，及时解决问题和分享经验 （2）关注员工需求：关心员工的生活和工作需求，提供必要的支持和帮助，让员工感受到温暖和关怀
6	制定合理的薪酬与福利政策	（1）确保薪酬公平：制定合理的薪酬体系，确保员工的薪酬与他们的贡献和市场水平相匹配 （2）提供福利支持：为员工提供必要的福利支持，如医疗保险、节日福利等，增加员工的归属感和满意度

鲜花店员工培训全攻略

鲜花店员工的培训，包括以下几个方面。

1.产品知识培训

员工应了解鲜花的基本知识，包括不同花材的特点、养护方法、花语等。这将有助于他们更好地为顾客提供服务和建议。

2.销售技巧培训

员工应学习如何与顾客沟通、向顾客推荐适合的产品及处理顾客异议等。这将有助于提高销售额和顾客满意度。

3.店面管理培训

员工应了解店面的日常管理、卫生标准、陈列要求等。这有助于保持店面整洁、美观和有序，提升品牌形象。

4.服务态度培训

员工需要学习如何以礼貌、热情、专业的态度为顾客提供服务。这将有助于增强顾客的信任感和忠诚度，提高回购率。

5.安全生产培训

员工需要了解防火、防盗、防骗等安全知识，并掌握应急预案。这样能保障员工和顾客的人身安全，减少意外事件发生。

在培训过程中，可以采用多种方式，如理论讲解、案例分析、实践操作等，确保员工全面掌握所学的知识和技能。同时，定期进行考核和评估，以检验培训效果。

此外，针对新员工和老员工的不同需求，可以制订不同的培训计划。新员工需要重点掌握基础知识和基本技能，而老员工则需要提升销售技巧和服务能力。

总之，鲜花店员工的培训应全面、系统，有针对性地进行，不断提高员工的综合素质和服务水平，为店铺的长期发展奠定坚实基础。

2 销售数据分析：洞察市场，精准决策

销售数据分析对于鲜花店来说至关重要，它能够帮助店主更好地了解销售情况、优化产品组合、制定市场策略，并提升销售业绩。

2.1 数据收集与整理

（1）建立销售数据记录系统。确保每日、每周或每月的销售数据都能够准确、完整地记录下来，包括销售额、销售数量、顾客信息等。

（2）数据分类与整理。将收集到的数据按照不同的标准进行整理，如按时间、按产品品类、按销售渠道等。

2.2 数据分析方法

对于收集到的数据，可以采取图9-1所示的方法来进行分析。

描述性分析	趋势分析	结构分析	比较分析
了解销售数据的基本情况，如销售额的平均值、中位数、众数等	通过对比不同时间段的销售数据，分析销售趋势，预测未来的销售情况	分析不同产品品类、销售渠道在总销售额中的占比，了解销售结构	将本店销售数据与其他店铺或行业数据进行对比，找出优势和不足

图9-1　数据分析的方法

2.3　数据可视化

（1）将销售数据以图表的形式展示，如柱状图、折线图、饼图等，以便于店主直观地了解销售情况。

（2）定期更新数据，对销售情况进行持续关注和分析。

2.4　数据应用与优化

透过销售数据分析，店主可以更好地了解店铺的销售表现，包括销售量、销售额、顾客数量、购买周期等，从而找出销售瓶颈和销售亮点，制定更合理的销售策略。数据应用与优化的具体措施如图9-2所示。

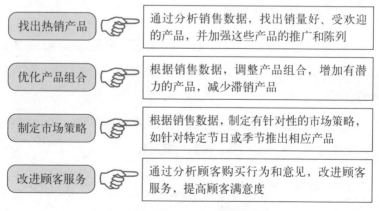

图9-2　数据应用与优化的措施

3 财务管理：合理规划，稳健发展

鲜花店的财务管理是确保店铺健康、稳定和持续发展的核心。表9-2所示是鲜花店财务管理的一些建议。

表9-2 鲜花店财务管理的建议

序号	管理建议	具体说明
1	制定预算	（1）制定年度预算：根据店铺的实际情况和预期收入，制定年度预算，包括预期的销售额、成本、费用等 （2）月度预算调整：每月根据实际情况对预算进行调整，确保预算的准确性和可行性
2	严格控制成本	（1）寻求成本节约的方法：通过优化采购渠道、降低库存成本、提高员工效率等方式，寻求降低运营成本的方法 （2）定期审查供应商：定期审查供应商的价格和服务质量，寻求更优惠的合作机会
3	规范财务管理	（1）设立财务账簿：在财务账簿中，记录所有财务收支信息 （2）使用专业的财务软件：利用专业的财务软件进行统计和分析，提高财务管理的效率和准确性
4	资金管理	（1）确保资金安全：对资金的流入和流出进行严格管理，确保资金的安全和完整 （2）合理使用资金：在预算计划中合理安排资金的使用，如购买原材料、支付工资等
5	财务报表与分析	（1）定期制作财务报表：如月度利润表、现金流量表和资产负债表，以反映店铺的财务状况 （2）财务分析：对财务报表进行分析，找出财务管理存在的问题，制定相应的解决方案
6	税务管理	（1）遵守税法规定：确保店铺的税务申报和缴纳符合税法规定 （2）合理利用税收政策：了解并利用相关税收政策，降低店铺的税务负担

序号	管理建议	具体说明
7	内部审计与风险管理	（1）建立内部审计制度：定期对店铺的财务进行审计，确保财务数据的真实性和准确性 （2）风险管理：识别和评估可能面临的财务风险，并制定相应的控制措施

4 库存管理：科学调配，避免浪费

鲜花店的库存管理对于确保花材新鲜、满足顾客需求以及优化成本控制至关重要。表9-3所示是鲜花店库存管理的一些建议。

表9-3　鲜花店库存管理的建议

序号	管理建议	具体说明
1	库存规划	（1）分析需求：根据历史销售数据和市场需求，预测未来一段时间的销售趋势 （2）确定库存水平：基于需求预测，设定合理的库存水平，避免库存积压或缺货
2	分类管理	（1）按品种分类：将不同品种的鲜花和植物进行分类，以便于管理和查找 （2）按状态分类：将库存产品分为新鲜、待处理、损坏等不同类别，以便于及时处理和更新
3	先进先出原则	（1）遵循FIFO原则：确保先入库的鲜花和植物先出库，以确保花材的新鲜度 （2）标记入库日期：为每批入库的花材标记清晰的入库日期，以便于追踪和管理
4	定期盘点	（1）定期盘点库存：确保库存数量与记录相符，及时发现并处理库存差异 （2）盘点后的调整：根据盘点结果，调整库存记录，确保数据的准确性

序号	管理建议	具体说明
5	库存预警系统	（1）建立预警系统：设定库存上下限，当库存量低于下限时，及时补货；当库存量高于上限时，减少采购或进行促销 （2）实时更新数据：确保预警系统能够实时更新库存数据，以便于及时调整
6	库存优化	（1）分析滞销原因：定期分析花材滞销的原因，并采取相应措施，如促销、降价或调整采购策略等 （2）减少浪费：确保鲜花和植物在最佳状态下售出，减少因过期或损坏导致的浪费
7	信息系统支持	（1）使用管理软件：利用专业的库存管理软件，实现库存数据的实时更新和查询 （2）数据分析：通过软件的数据分析功能，发现库存管理的瓶颈和问题，持续优化库存策略

5 价格管理：合理定价，利润最大化

鲜花店的价格管理是一个综合过程，涉及成本计算、市场调研、竞争对手分析以及利润预期等多个方面。表9-4所示是鲜花店价格管理的一些建议。

表9-4 鲜花店价格管理的建议

序号	管理建议	具体说明
1	成本计算	（1）详细记录成本：花材成本、运输费用、租金、员工工资、水电费等，都是定价的基础 （2）动态调整成本：花材价格可能因季节、天气、市场供需等因素而波动，要定期评估成本

序号	管理建议	具体说明
2	市场调研	（1）了解市场需求：通过市场调研，了解顾客的需求、购买习惯和价格敏感度 （2）分析竞争对手：了解竞争对手的定价策略、产品品质和市场份额，为自己的定价提供参考
3	定价策略	（1）成本导向定价：基于成本加上期望的利润来设定价格 （2）市场导向定价：根据市场需求和竞争对手的定价来设定价格 （3）价值定价：根据提供的服务、产品质量、品牌形象等因素，设定一个顾客认可的价格
4	优惠活动	（1）促销活动：在节假日或店铺周年庆等时机，通过打折、满减等促销活动吸引顾客 （2）会员制度：为会员提供折扣或积分兑换等优惠，增加顾客黏性
5	价格标注与宣传	（1）清晰标注价格：在店内和线上平台清晰标注产品价格，避免产生纠纷 （2）价格宣传：通过社交媒体等平台宣传价格优势，吸引更多潜在顾客
6	利润评估与调整	（1）定期评估利润：定期分析销售收入、成本和利润，确保定价策略能够实现预期利润 （2）及时调整价格：如发现利润过低或过高，要及时调整价格，以保持店铺的竞争力和盈利能力

生意经

通过有效的价格管理，鲜花店可以在激烈的市场竞争中保持优势，实现可持续发展。同时，合理的定价策略也有助于提升顾客满意度和忠诚度。

6 环境管理：舒适环境，提升体验

鲜花店的环境管理对于营造舒适、温馨的购物环境以及提升顾客体验至关重要。表9-5所示是鲜花店环境管理的一些建议。

表9-5　鲜花店环境管理的建议

序号	管理建议	具体说明
1	卫生与清洁	（1）保持干净：确保店内地面、墙面、陈列架等区域干净整洁，无灰尘、杂物或污渍 （2）定期清洁：制订清洁计划，定期对店内各个区域进行深度清洁，包括花卉、植物叶片表面 （3）卫生标准：遵守卫生标准，合理使用清洁工具、消毒剂等，确保顾客购物环境安全
2	布置与陈列	（1）布局舒适：合理安排店内布局，确保顾客能够轻松选择鲜花、绿植等产品 （2）陈列美观：根据花卉品种、颜色、大小等，进行陈列设计，以吸引顾客的注意力 （3）照明与氛围：使用柔和、自然的灯光，营造温馨、舒适的购物氛围。同时，还可以利用灯光效果突显某些特定产品
3	空气质量	（1）通风换气：保持店内空气流通，定期开窗通风或使用空气净化设备，以免空气污浊 （2）花卉护理：定期为花卉浇水、修剪、施肥等，保持花卉的新鲜和美丽，这样也有助于改善空气质量
4	背景音乐	（1）选择轻柔音乐：播放轻柔、舒缓的音乐，为顾客提供愉悦的购物体验 （2）音乐风格：根据店铺定位和顾客群体，选择适合的音乐风格，如轻音乐、爵士乐等
5	店内装饰	（1）增加装饰元素：在店内摆放一些装饰品，如花瓶、烛台、挂画等，增加店铺的艺术氛围 （2）节日主题装饰：根据不同的节日，更换相应的装饰物，营造节日的氛围

序号	管理建议	具体说明
6	顾客服务	（1）热情服务：提供热情周到的顾客服务，如解答顾客疑问、提供产品推荐等 （2）购物指导：对于不熟悉花卉的顾客，可以提供购物指导，帮助他们选择合适的产品

7 安全管理：预防为主，确保平安

鲜花店的安全管理至关重要，它不仅关系店铺的正常运营，还涉及员工和顾客的安全。表9-6所示是鲜花店安全管理的一些建议。

表9-6　鲜花店安全管理的建议

序号	管理建议	具体说明
1	安全设施与装备	（1）安装监控摄像头：在店内关键区域安装监控摄像头，确保全面监控店内情况，预防盗窃或纠纷发生 （2）防火设施：配置灭火器、消火栓等消防设施，并定期检查和维护，确保其一直处于完好状态 （3）防盗报警系统：安装防盗报警系统，提高店铺的防盗能力，降低失窃风险
2	制定应急预案	（1）制定应急预案：针对可能出现的紧急情况，如火灾、盗窃、顾客受伤等，制定详细的应急预案，明确应对措施和责任人 （2）定期进行演练：定期组织员工进行应急演练，提高员工的应急处置能力和协同作战能力
3	提高员工安全意识	（1）安全培训：对员工进行安全培训，让他们了解安全规定和应急预案，知道在紧急情况下如何应对 （2）安全意识提升：通过宣传和教育，提高员工的安全意识，让他们时刻保持警惕，预防潜在的安全风险

序号	管理建议	具体说明
4	顾客安全	（1）确保顾客通行安全：保持店内通道畅通，避免摆放过多物品或花卉，造成通道阻塞 （2）提醒顾客注意安全：在店内设置安全标识，提醒顾客注意花卉摆放等事项
5	定期检查与维护	（1）定期检查：定期对店内的安全设施进行检查和维护，确保其处于良好状态 （2）及时维修：对于损坏或失效的安全设施，及时进行维修或更换
6	保险与风险管理	（1）购买保险：购买适当的保险，如火灾险、盗窃险等，以减少潜在的经济损失 （2）风险管理：定期评估店铺的风险，并采取相应的措施进行管控

通过以上管理措施，鲜花店可以大大降低安全风险，保障员工和顾客的安全，确保店铺正常运营。同时，也能为店铺树立良好的形象，提高顾客的信任和满意度。

8 配送管理：高效配送，顾客满意

鲜花店的配送管理对于提高顾客满意度和维持良好的品牌形象至关重要。表9-7所示是鲜花店配送管理的一些建议。

表9-7　鲜花店配送管理的建议

序号	管理建议	具体说明
1	选择可靠的物流公司	与专业的物流公司建立长期的合作关系，确保鲜花在配送过程中得到妥善处理，并准时送到顾客手中

序号	管理建议	具体说明
2	优化配送路线	根据顾客所在地区和订单量，合理规划配送路线，以提高配送效率，减少时间和成本浪费
3	确保鲜花质量	在配送过程中，要注意保持花材的新鲜和美观。可以采用适当的措施，如低温保存、避免过度挤压等
4	灵活安排配送时间	根据顾客需求，灵活安排配送时间，如定时配送、加急配送等。同时，要确保配送人员按时到达，避免延误
5	建立完善的配送跟踪系统	通过现代化的技术手段，如GPS定位、订单跟踪等，实时了解配送进度，确保顾客能够随时查询订单状态
6	加强配送人员的培训和管理	配送人员是鲜花店与顾客之间的桥梁，他们的服务态度和专业素养直接影响顾客对店铺的印象。因此，要加强对配送人员的培训和管理，提高他们的服务意识和专业技能
7	及时处理配送问题	在配送过程中难免会出现一些问题，如配送延误、鲜花损坏等。此时，要及时与顾客沟通，积极解决问题，并给予合理的补偿和解释，以维护店铺形象，提高顾客满意度

总之，鲜花店的配送管理要细致，从选择物流合作伙伴到处理配送问题，都需要有完善的制度和流程来保障。通过不断优化配送管理，可以提高顾客满意度，为店铺的长期发展奠定坚实基础。

案例分享

××鲜花店是一家在当地享有较高知名度的花店，以提供新鲜、高质量的鲜花和优质的顾客服务而著称。为了保持这一成果，门店日常管理显得尤为重要。

1.营业前准备

每天开店前，店长会组织员工进行一系列的准备工作，包括清洁店面，整理花架，检查鲜花的新鲜度、摆放情况以及所有设备（如冷藏设备、支付终端等）的运行情况。此外，还会召开简短的晨会，安排当天的促销活动和重要任务。

2.员工分工与协作

××鲜花店注重员工之间的分工与协作。每位员工都有明确的职责和任务，如接待顾客、介绍产品、处理订单、进行配送等。同时，员工之间也保持着良好的沟通和协作，促进了门店的高效运营。

3.顾客服务

在顾客服务方面，××鲜花店遵循"顾客至上"的原则。员工会耐心倾听顾客需求，并提供专业的建议。同时，门店还提供了多种支付方式、灵活的配送时间以及完善的售后服务，以满足不同顾客的需求和期望。

4.库存管理与采购

为了确保鲜花的新鲜度和品质，××鲜花店会定期进行库存盘点。店长会根据销售数据和顾客反馈，及时调整采购计划和库存管理策略。同时，门店还建立了严格的库存管理制度，保证了鲜花在存储过程中的质量和安全。

5.环境与卫生管理

××鲜花店非常注重门店的环境与卫生管理。店内始终保持整洁、美观和有序，鲜花摆放整齐、标签清晰。同时，门店还定期进行清洁和消毒工作，确保顾客和员工在一个舒适、健康的环境中购物和工作。

6.员工培训与激励

为了提高员工的业务水平和服务质量，××鲜花店会定期组织员工进行培训和学习。培训内容涵盖产品知识、销售技巧、服务态度等方面。此外，门店还设立了激励机制，如优秀员工评选、业绩奖励等，激发员工的工作积极性和创造力。

案例点评：

通过以上日常管理措施，××鲜花店不仅保证了高标准的产品和服务质量，还赢得了众多顾客的信任。同时，门店的业绩也得到了稳步提升，为店铺的长期发展奠定了坚实基础。

第10章

线上布局与销售新策略

关键词：
开拓渠道
场景覆盖
引流顾客

网络花店是近年来快速发展的新兴产业，通过互联网平台将传统的线下购买方式转移到线上，为消费者提供更为便捷的服务。随着市场竞争的加剧和消费者需求的变化，鲜花店需要不断创新和提高服务质量，这样才能在激烈的市场环境中立于不败之地。

【要点解读】▶▶▶ — — — — — — — — — — — —

1 自建官网：打造品牌形象，线上展示

现代年轻人都追求时尚潮流，喜欢上网购物，发掘新的商品信息。所以在网上建立一个精美的小网站也是大势所趋。那么怎样开设一个独特的鲜花网站呢？

1.1 选择因特网服务商

因特网服务商的作用是为鲜花店提供因特网接入服务，为鲜花店在网上注册域名，所以选择网络服务商是一件很重要的事。所找

的网络服务商，最好是能提供丰富资源的服务商。

1.2　域名设计

独立网站的域名关键词设置十分重要，通常都是顾客搜索时的常用词，如花店的品牌名等。设置好域名之后，一定要确保域名可用，不能重复。

 生意经

域名更换必须十分谨慎，一旦更换，原域名下的SEO设置和用户的搜索习惯，都将化为乌有。

1.3　内容设计

鲜花店的网站一定要设计精美、内容丰富、情调浪漫，突出花卉的独有特色，一般包含表10-1所示的内容。

表10-1　建立鲜花网站应包含的内容

序号	内容	具体说明
1	鲜花店简介	在这一栏目，店主可以对鲜花店做一个形象而生动的介绍，可以把创业过程中的感人故事加入其中，这样能加深顾客对鲜花店的印象
2	经营范围概述	将鲜花店的经营项目详细罗列出来，让人一目了然。如有特殊的经营项目，应重点突出，以体现出鲜花店的独特之处
3	花卉品种展示	花卉品种展示要精彩，让人看过之后有身临其境的感觉，同时要把配套的花艺展现出来，并配有色彩艳丽的图片，使人眼前一亮，过目不忘
4	服务项目一览表	每个顾客都希望在购买花卉时得到热情优质的服务，店主可以将花店的服务标准列在网上，接受每一个顾客的监督

序号	内容	具体说明
5	制作专题网页	每逢节假日要推出专题网页，把节日所售花卉的品种、花艺展现出来，并配上图片
6	制作促销网页	鲜花店的促销网页要灵活多变、推陈出新。而且要根据季节、时令的变化而变化
7	设立网上订花热线	顾客如果在网上想购买某一种花卉，可通过电子邮件、传真或电话订购

 生意经

　　鲜花店网站一定要突出花卉独有的魅力，条件允许的情况下，可每周更换一次图片。如果在每个网页上以鲜花为主题配一首浪漫温情的诗歌，那么会增加网页浏览量。

1.4　外观设计

　　无论是实体花店还是网上花店，优美而独特的外观，总是能够吸引顾客的眼球。所以，网站外观设计对花店经营是十分重要的，具体要求如图10-1所示。

在选择背景颜色时，要注意整体的协调性。不要使用大量的流行元素，而是抓住其中几个主打的元素，否则容易显得杂乱无章

产品图片应展现出花店独特的风格，但要注意整体的统一协调性，图片的规格要一致，不要出现有大有小、排版无序的情况

在网站设计时，要注意留出一个合适的位置来展示花店的Logo。有时，一个简单美观的Logo比一个风格独特的Logo更加吸引人

图10-1　网站外观设计的要求

1.5　网站维护与更新

花店网页应该有专人负责维护与更新，如添加花名目录、品种报价等，让顾客感受到花店的"新鲜"。

2　在线花店：拓宽销售渠道，触达更多顾客

近年来，鲜花电商大受追捧，国内消费者对鲜花产品的需求正逐年上升，互联网预订成为趋势。为了扩大销量，店主也可以在电商平台开设在线花店。

一般来说，开设在线花店的步骤如图10-2所示。

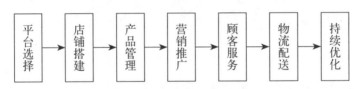

图10-2　开设在线花店的步骤

2.1　平台选择

店主可以选择一个信赖的电商平台，如淘宝、天猫、京东、拼多多等，建立自己的在线花店。这些平台都有各自的优缺点，店主需要根据目标市场、产品特点和预算进行决策。

2.2　店铺搭建

选择了电商平台之后，店主开始搭建店铺，包括设计店铺界面、上传产品图片、设置价格等。要确保店铺界面美观、简洁，产品分类清晰，方便用户浏览和选择。

2.3　产品管理

店铺搭建完成后，店主开始管理产品，包括上传产品图片、编辑产品描述、设置价格、管理库存等。

在线上店铺中，产品图片和视频的质量至关重要。展示的图片应清晰、色彩鲜艳，能够真实反映花卉的美丽和质感。同时，产品描述和规格信息要详细，能帮助用户了解产品的特点和优势。

2.4　营销推广

为了吸引更多的用户，店主需要进行营销推广，可以通过社交媒体宣传、广告投放、搜索引擎优化等方式实现。营销策略要有针对性、有创意，能够吸引目标用户的注意。

2.5　顾客服务

提供优质的顾客服务，是在线花店成功经营的关键。

（1）及时回复用户的咨询，解决用户的问题。

（2）提供多种支付方式，如支付宝、微信等，方便用户购买。

（3）通过提供个性化服务、建立会员体系等方式提高用户的满意度和忠诚度。

2.6　物流配送

对于在线花店来说，物流配送是非常重要的环节。店主应确保鲜花准时、安全地送到顾客手中。花店可以与专业的物流公司合作，或者建立自己的配送团队。

2.7　持续优化

店主需要持续优化在线花店平台，如优化产品展示、改进顾客服务、调整营销策略等。这样可以提高店铺的转化率和用户满意度，获得更高的销售额和品牌知名度。

 相关链接 ···

网店售后服务诀窍

1.明确售后责任

在网站销售平台，店主在产品质量、物流配送等方面，应该对顾客负责。一旦出现售后问题，店主必须承担相应的责任。在制定售后政策时，应明确售后政策、售后服务时间、售后服务质量等相关要求，以保证顾客的权益。

2.建立健全售后服务体系

与实体店不同的是，网店顾客无法直接感受产品，容易产生误解。因此，建立健全的售后服务体系对于花店来说至关重要。店主需要主动与顾客联系，了解产品的使用情况，及时解决顾客的问题，以免引起不必要的争议，影响花店的声誉。

3.态度端正，换位思考

顾客收到不满意的产品，有火气是人之常情，店主一定要体谅安抚，千万不要火上浇油。一个良好的态度可以像一缕微风吹散顾客心中的愤懑，让大事化小，小事化了，说不定花店从此还多了一个朋友，这个朋友会给花店带来更多的朋友。

4.处理及时，减少等待

（1）及时处理售后问题

最好在顾客申请退款之前就将其不满意化解。店铺处理售后问题的原则是，能售前处理的不转给售后，能自己处理的不转给主管，要在第一时间将顾客的问题解决。

（2）及时跟踪售后

有很多售后问题比如退换货，可能不能马上解决，店主应详细记录，每天跟进，不要让顾客催促，而是主动联系顾客，顾客的不满会随着店主一点点的努力变成满意。

一旦发生了退货和维权等问题，花店要第一时间解决，以免影响店铺的经营，让顾客对店铺丧失信心。

5.承担责任，让利顾客

发生售后问题，可能并非店铺所能控制。比如，店铺将配送委托给快递公司，发生丢件并不是花店的责任，但也不能让顾客承担，花店要第一时间帮助顾客找件，或给顾客补货，然后再和快递公司协商赔偿事宜。在处理售后问题时，一定要让顾客感受到诚意。

6.提高客服的专业性

顾客就是上帝，花店除了要用心服务外，还要提高服务的专业性，这样才能长期留住顾客。

客服人员要熟知相关规定及店铺的标准。在顾客购买前将注意事项向顾客说清楚。发生纠纷时，要保持冷静，不要和顾客发生冲突，保持理智和礼貌可以让顾客怒火平息。

7.遵守相关法律法规，依法维权

在做好售后服务的同时，店铺也要依法维权，维护自身的权益。当遇到恶意顾客破坏店铺声誉、盗图盗文时，应及时采取法律措施。

3 外卖平台：便捷服务，快速送达

互联网的迅速发展使得外卖深受大众消费者的追捧和青睐。近年来，随着生活水平的提高，人们对于鲜花的需求也越来越高。因此，商家可以将鲜花产品通过外卖的方式推销出去。

3.1 选择外卖入口

当今社会，外卖流量入口有两种形式：搭建自营外卖系统、入驻第三方外卖平台。

（1）搭建自营外卖系统

在外卖成本日益增高的情况下，自营外卖是商家掌控自身品牌的一个举措，同时也能更加贴近消费者。随着消费习惯的改变，自营外卖的商家也逐渐多了起来。将自己的店铺运营起来，重视线下流量，是店铺外卖的新突破口。

那什么是自营外卖呢？具体来说，就是顾客通过店铺自建的公众号（或小程序）和APP下单。

目前市面上自营外卖的商家大多选择和第三方配送平台合作，如顺丰、达达、闪送等；而在流量获取时，则是利用微信公众号

（或小程序、APP）等。同时，商家自建会员模式，让每一个注册用户成为店铺会员，享受店铺优惠从而建立忠实的客群。

外卖行业的本质就是提供精细化服务，对于想要搭建自营外卖系统的商家，应认真思考，加强以下三个方面的管理。

第一，配送服务管理方面。商家需完善外卖配送管理系统，在系统端为配送员提供订单，并合理规划配送路线，保证配送的准时性。同时，将订单进行整合，降低物流成本，实现智能化配送。

第二，配送团队规范管理方面。配送员的服务态度对用户体验会产生直接影响，因此商家在配送方式的选择上要慎重。同时，对配送团队加以规范化管理，为用户提供优质的配送服务。

第三，平台服务内容方面。对外卖系统进行整合，可以提升外卖平台的服务水平，提高用户留存率。形成稳定的用户群体之后，商家在外卖平台可以拓展新业务，促进多元化发展。

生意经

商家要想挑选合适的服务商来搭建自营外卖平台，需深入了解外卖市场和外卖用户的需求。

（2）入驻第三方外卖平台

第三方外卖平台拥有较大的外卖流量，靠抽取佣金和与第三方合作获利，比如饿了么、美团，适合所有想要开展外卖业务的商家。

3.2 外卖运营策略

为了提高外卖业务的效率和店铺的盈利能力，店主需要制定并实施有效的外卖运营策略，如图10-3所示。

定位明确	优质花材
鲜花店在运营外卖之前，需要对店铺的经营进行明确的定位。这样可以在很大程度上决定店铺的产品走向以及店铺的竞争优势	作为鲜花店，花材品质和新鲜度直接关系到顾客的回购率和店铺的口碑。店铺应选择品质上乘的花材，并在花语、花束和花艺方面加以提升，深入挖掘顾客需求

多样的价格体系	敏锐的市场嗅觉
店铺应根据不同层次的消费需求，建立多样化的价格体系，不同的节日也可利用不同的价格方案赢得顾客的青睐	经营一个鲜花店，需要店主具备敏锐的市场嗅觉。及时调整价格、运用不同花材、改变店铺推销方式等措施，能够更好地满足消费者的需求，并赢得市场份额

图 10-3　外卖运营策略

3.3　线上线下衔接

外卖鲜花店的运营模式与普通鲜花店不同，它是线上销售和线下配送的模式，这就需要店主做好线上线下衔接。

（1）充分彰显自身特色

运营外卖鲜花店需要店铺彰显自身特色，各店主可根据自身的实际情况灵活开展。线上店铺可在营销和服务上下功夫，让顾客通过线上花店更好地认识自己；线下实体门店则可以通过迎宾、服务等途径将线上潜在顾客吸引到店铺中。

（2）线上线下同步推广

线上和线下推广是密不可分的，这需要店主实施合理的推广策略，吸引顾客关注和参与，提高店铺的曝光率和知名度。

比如，线上店铺可以利用微信、QQ或微博等平台进行营销，而线下实体门店则可以在街头巷尾开展"快乐送花"等互动活动。

（3）提升顾客O2O购物体验

对于外卖鲜花店而言，关注线上与线下顾客的购物体验是至关重要的。店铺应在售前和售后服务上花点心思，力求满足不同顾客的需求。

3.4 提升外卖平台销量

店主要不断优化外卖店铺的产品和服务，以提高外卖平台的销量，吸引更多顾客，并实现业务稳定增长，具体策略如图10-4所示。

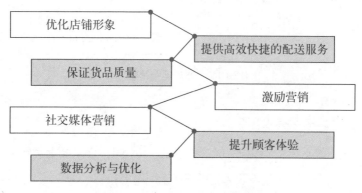

图10-4　提升外卖平台销量的策略

（1）确保店铺页面清晰、美观，产品图片真实、全面，产品描述详细。店铺Logo、联系电话、地址等信息也要准确无误，方便顾客了解店铺并与店铺交流互动。

（2）顾客在外卖平台购物，除了关注产品本身的质量外，还包括速度和服务。店铺可以选择可靠的物流公司或自己组建团队实现送货，确保及时派送鲜花。还可以提供灵活的配送时间，满足顾客的个性化需求。

（3）鲜花的质量至关重要。店铺要确保花材新鲜、优质，并提供多种价格选择，以满足不同顾客的需求。

（4）利用优惠券、打折、满减优惠等营销策略吸引更多的顾客。此外，还可以组织有趣的送赠品活动，增加顾客对店铺的关注度和购买欲望。

（5）利用社交媒体平台如微信、微博、抖音等进行宣传和推广。发布吸引人的内容，展示店铺的鲜花产品、优惠活动等，增加品牌曝光度，吸引潜在顾客。

（6）提供优质的顾客服务，包括及时回复顾客的咨询、主动解决顾客的问题。应确保鲜花在配送过程中保持良好的状态，并提供精美的包装和贺卡等附加服务，增加顾客的满意度和忠诚度。

（7）利用外卖平台提供的数据分析工具，分析顾客的购买习惯、偏好和流量来源等信息，不断调整商品结构、优化定价策略，以提高顾客转化率和店铺销量。

4 直播带货：实时互动，销售新动力

直播带货对于鲜花店来说，是一种新兴且有效的销售方式。通过直播平台，鲜花店能够直接展示鲜花的品质、样式和新鲜程度，吸引顾客注意并激发他们的购买欲望。做好直播带货，需注意图10-5所示的要点。

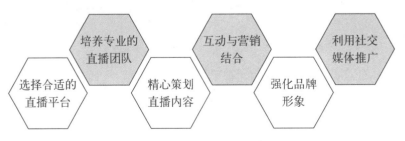

图10-5 直播带货的要点

4.1 选择合适的直播平台

根据目标受众和品牌定位，店铺应选择合适的直播平台，如抖音、快手、淘宝等。要确保平台与品牌形象相符，平台用户与潜在顾客群体相匹配。

4.2 培养专业的直播团队

直播带货需要有专业的直播主播和团队来支持。主播应具备良好的口才、形象气质和互动能力。同时，直播团队负责直播的内容策划、技术支持和售后服务等。

4.3 精心策划直播内容

店铺应确定吸引人的直播主题和内容，如新品发布、限时优惠、互动游戏等。通过直播展示鲜花的特点、种植养护知识和搭配技巧等，提升观众对产品的认知度和购买欲望。

4.4 互动与营销结合

在直播过程中，主播要积极与观众互动，回答他们的问题，解决他们的疑虑。同时，结合营销手段，如优惠券、限时秒杀等，促进观众下单购买。

4.5 强化品牌形象

在直播中，应注重展示店铺形象和价值观，传递品牌故事和文化。确保直播内容与品牌形象相契合，提升品牌知名度和店铺的信誉。

4.6 利用社交媒体推广

店铺可利用社交媒体平台，如微信、微博等，对直播带货进行预热和宣传，吸引更多潜在观众关注并参与直播。

生意经

　　直播带货虽然具有诸多优势，但也需要店铺投入一定的时间和精力。店主应根据自身实际情况和市场需求，合理规划直播带货的策略和节奏，确保取得最佳效果。

 案例分享

　　××鲜花店，一直以高品质的鲜花和专业的服务在当地享有良好的口碑。然而，随着市场的变化和竞争的加剧，店主意识到，必须拓展线上销售渠道，才能吸引更广泛的顾客群体。

　　为了实现线上销售，××鲜花店首先建立了一个官方网站，并在多个社交平台开设了账号。××鲜花店精心设计网站和社交媒体页面，展示各种鲜花的品质、价格、配送方式等信息，并注重页面的美观和顾客体验。

　　为了吸引更多的顾客，××鲜花店推出了一系列线上促销活动。例如，定期在社交媒体上发布限时折扣、满减优惠等信息，吸引顾客下单购买。同时，还通过直播带货，利用主播的影响力和粉丝基础，提高品牌知名度和曝光率。

××鲜花店非常注重产品和服务质量，严格筛选供应商，确保鲜花的品质和新鲜度。在配送方面，与专业的物流公司合作，确保鲜花在最佳状态下准时送到顾客手中。此外，××鲜花店还提供灵活的配送时间和方便的支付方式，以满足不同顾客的需求。

　　为了与顾客建立更紧密的联系，××鲜花店在社交媒体上积极与用户互动，回答他们的问题，解决他们的疑虑。同时，还通过发布节日祝福、鲜花养护等内容，增加顾客对品牌的认同感和忠诚度。

　　通过线上销售的实施，××鲜花店的销售额和知名度都得到了显著提升；官方网站和社交媒体账号也吸引了大量粉丝和关注者，线上订单量也呈现稳步增长的态势。

　　案例点评：

　　这个案例表明，通过精心策划和有效执行，鲜花店可以成功拓展线上销售渠道，吸引更广泛的顾客群体，实现业务量的增长。同时，注重产品和服务质量、与顾客积极互动也是取得成功的关键因素。

第11章

市场营销与推广新篇章

关键词:
多种渠道
提升业绩
合作共赢

如今鲜花店遍地都是，要想让自己店铺能够从众多的同行中脱颖而出，店主需要从不同的渠道，做好线上、线下推广和营销，从而全方位地扩大品牌知名度，吸引更多的顾客。

【要点解读】▶▶▶ -

1 微信营销：朋友圈里的潮流风向标

在微信平台推广鲜花店，店主可以利用微信的多种功能来吸引潜在顾客。

1.1 微信公众号

对于鲜花店来说，微信公众号是一个非常重要的营销渠道。通过微信公众号，鲜花店可以开展品牌宣传、产品展示、互动营销等多种活动，吸引更多的潜在顾客，并提高销售额。

店主通过微信公众号进行营销时，可以采取表11-1所示的策略。

表11-1 微信公众号营销策略

序号	营销策略	具体说明
1	开设微信公众号	创建一个微信公众号，作为店铺形象和信息发布的平台。确保公众号名称和简介与鲜花店相关，并上传店铺照片和联系方式
2	发布优质内容	定期发布与花卉相关的内容，如花卉养护知识、花艺设计教程、节日花卉推荐等，结合图片和视频，展示鲜花产品和店铺特色。这些内容不仅能吸引潜在用户的关注，还能提高现有用户的忠诚度。同时，确保内容的质量和原创性，以吸引用户的注意
3	参与与互动	通过话题讨论、投票、问答、抽奖等互动活动，鼓励用户参与并把店铺分享给朋友。这不仅可以增加用户黏性，还能提高品牌曝光度。此外，及时回复用户的评论和问题，也能增强与用户的互动和沟通
4	促销活动	定期举办线上或线下促销活动，如限时折扣、满额赠送等，通过微信公众号发布活动信息，吸引用户参与并购买。同时，在节日或特殊场合，推出相应的花卉产品和优惠活动，提高销售额
5	用户体验与服务	优化微信公众号的功能和界面设计，提高用户体验。同时，提供便捷的在线和售后服务，解决用户的疑问，增加用户的满意度和忠诚度
6	搜索引擎优化	确保公众号内容包含关键词，优化文章标题和内容描述，提高微信公众号的搜索排名
7	合作与联动	与其他微信公众号或社交媒体账号进行合作，广泛推广和宣传。与其他商家或品牌进行联合营销，吸引更多用户
8	数据分析与优化	定期分析微信公众号的数据，如用户行为、购买偏好等，优化营销策略、活动方案等，提高营销效果。同时，关注行业发展趋势和竞争对手的动态，及时调整营销策略
9	定期更新与维护	保证公众号定期更新，确保内容的新鲜度和时效性。同时，定期检查和维护公众号的功能，提升用户体验

1.2 微信小程序

鲜花店可以通过微信小程序开展多种营销活动，以吸引和留住用户，提高销售额和品牌知名度。表11-2所示是一些微信小程序营销策略。

表11-2 微信小程序营销策略

序号	营销策略	具体说明
1	小程序营销	利用微信的"小程序"功能，向用户展示店铺内容，吸引用户点击进入。商家可以通过优化小程序的内容，如店铺图片、简介、特色产品等，吸引用户点击浏览和下单
2	社交分享营销	鼓励用户将鲜花店的小程序页面分享到微信群、朋友圈、QQ等社交媒体平台，以扩大品牌曝光范围。店铺可以设置奖励机制，如分享后能获得优惠券或积分等，激励用户积极分享
3	优惠活动营销	通过小程序发布各种优惠活动，如限时折扣、满减优惠、新用户首单立减等，吸引用户参与和购买。店铺可以利用小程序的营销插件，如秒杀、拼团等，推出更具吸引力的优惠活动，提高用户的购买欲望和参与度。同时，还可以设置分享奖励机制，鼓励用户将优惠活动分享给朋友，提高品牌曝光度
4	互动营销	利用小程序的互动功能，如答题、抽奖、晒花等，吸引用户参与互动。店铺可以给予参与互动的用户一定的奖励或积分，激励更多用户参与。这种互动营销不仅可以增加用户的黏性，还可以提高用户对品牌的认可度和好感度
5	内容营销	通过小程序发布与花卉相关的内容，如花卉养护知识、花艺设计教程、节日花卉推荐等，提高用户对花卉的兴趣。同时，还可以利用小程序的社交功能，鼓励用户分享和转发，扩大品牌曝光范围
6	合作推广	与其他平台或企业进行合作，如与当地的婚庆公司、酒店、餐厅等合作，将鲜花店的小程序嵌入到他们的平台或店铺中，吸引更多潜在用户

序号	营销策略	具体说明
7	优化用户体验	确保小程序的用户体验良好，包括页面加载速度、界面设计、操作流程等，并提供便捷的支付方式和优质的用户服务，增加用户的满意度和复购率
8	数据分析与优化	利用小程序的数据分析工具，分析用户行为、购买偏好等，同时优化小程序的内容和活动策略，提高营销效果

1.3　微信朋友圈

鲜花店在微信朋友圈的营销和推广，可以采取表11-3所示的策略。

表11-3　微信朋友圈营销策略

序号	营销策略	具体说明
1	高质量的图片和视频	鲜花的美丽和品质需要通过高质量的图片和视频来展示。在朋友圈发布清晰、色彩鲜艳的图片和视频，能够吸引用户的注意，提高他们对鲜花的兴趣和购买欲望
2	内容故事化	除了产品展示，鲜花店还可以发布一些与花卉相关的故事，如花卉的寓意、背后的传说、与顾客的故事等。这样的内容能够引发用户的共鸣，提高品牌的情感连接
3	节日和特殊场合的推广	在节日和特殊场合，推出相应的花束和礼品套餐，并在朋友圈进行宣传。可以结合节日的主题和氛围，设计有趣的文案和配图，吸引用户关注并购买
4	用户参与	鼓励用户在朋友圈分享自己所购买花卉的照片，或者参与一些与花卉相关的互动活动，如答题、投票等。这样能够增加用户的参与度和黏性，提高品牌在朋友圈的曝光度
5	优惠活动信息	发布一些优惠活动信息，如限时折扣、满减优惠等，激发用户的购买欲望。同时，可以结合朋友圈的转发功能，鼓励用户将优惠信息分享给朋友，扩大品牌的传播范围

序号	营销策略	具体说明
6	与用户互动沟通	及时回复用户在朋友圈的评论，与用户保持良好的互动和沟通。这样可以增加用户的满意度和忠诚度，提高店铺的口碑和形象
7	用户评价和反馈	分享用户的评价和反馈，展示用户对鲜花产品和服务的认可和喜爱。这可以增加用户的信任度，吸引更多潜在用户
8	定期更新	保证朋友圈的内容定期更新，确保用户能够持续关注店铺动态
9	个性化推广	根据目标用户的兴趣和需求，制定个性化的推广内容。例如，针对年轻人，发布时尚的花艺作品；针对家庭用户，推出家居花卉装饰等
10	标签和@提醒功能	在发布朋友圈时，利用标签和@提醒功能，将推广内容分享给特定的朋友或群组，增加店铺曝光度

 生意经

　　朋友圈推广需要遵循社交媒体平台的规则，确保内容真实、合法且符合平台规范。同时，尊重用户的隐私和权益，避免过度打扰，引起用户不适。

相关链接

朋友圈广告投放技巧大揭秘

1.精准定位目标受众

根据产品或服务的特点，明确目标受众，包括年龄、性别、地域、兴趣等方面。通过合理的定位，提高广告的点击率和转化率。

2.制作吸引人的广告内容

广告内容要简洁明了，突出产品或服务的卖点和优势。同时，要注意文案的设计，使用简洁、明了、有趣的语言，激发用户的兴趣和好奇心。

3.选择合适的投放时间和频率

根据目标受众的活跃时间和购买习惯，选择合适的投放时间，如晚上或周末等。同时，要控制广告的投放频率，避免过度干扰用户。

4.优化广告素材和落地页

广告素材要高清、美观，符合目标受众的审美。落地页要简洁、明了，与广告内容相呼应，以提高用户的转化率。

5.利用数据分析，优化广告效果

通过数据分析工具，监测广告的点击率、曝光量、转化率等指标，并进行广告内容的优化调整，提高广告效果。

6.与用户互动

在广告中设置互动环节，如问答、投票等，增加用户的参与度和黏性，提高广告的转化率。

7.结合其他推广方式

可以将微信朋友圈广告投放与其他推广方式相结合，如微信公众号、小程序等，形成多渠道的推广效果。

2 微博营销：话题中的品牌之声

微博是一个非常热门的社交媒体平台，拥有庞大的用户群体和强大的信息传播能力，因此非常适合鲜花店的推广。表11-4所示是鲜花店微博营销的一些建议。

表11-4 鲜花店微博营销的建议

序号	营销建议	具体说明
1	注册和设置微博账号	为鲜花店注册一个微博账号。在设置账号时，确保使用与店铺品牌或产品相关的用户名和头像，以便用户能够轻松识别
2	完善个人资料	在个人资料中，可以简要介绍鲜花店，包括店铺位置、营业时间、主要产品和服务等。还可以上传一些店铺的照片或花艺作品，让用户对店铺有更直观的了解
3	发布高质量内容	定期发布高质量的图片、视频和短文，展示鲜花产品、花艺设计、店铺活动等。确保内容具有吸引力和独特性，能吸引用户的关注
4	活动营销	定期在微博上举办各种互动活动，如抽奖、答题、晒花等，鼓励用户参与并分享给朋友。可以设置与花卉相关的问题或挑战，吸引用户的关注。同时，提供一些奖励或优惠券，激励用户参与
5	互动沟通	及时回复用户在微博上的评论，与用户保持良好的互动和沟通。关注用户的反馈和需求，及时调整产品和营销策略，提高用户的满意度和忠诚度
6	与达人合作	与达人或微博上的知名博主进行合作，邀请他们体验并分享店铺的产品，以此来扩大品牌的曝光度和影响力，吸引更多潜在用户关注和购买
7	投入广告	如果预算允许，可以考虑在微博上投放广告，以扩大店铺知名度和影响力。根据目标受众的特征和兴趣，制订精准的广告投放计划，提高广告的效果和转化率

序号	营销建议	具体说明
8	提升搜索引擎排名	通过合理的关键词设置和优质内容发布，提升微博账号在搜索引擎中的排名，进一步提高店铺曝光率和用户关注度
9	微博直播	利用微博的直播功能，开展花艺课程、新品发布或店铺介绍等直播活动。此外，还可以利用微博话题讨论、热门话题挑战等，提高店铺曝光度

3 搜索引擎优化（SEO）：网络世界的隐形冠军

搜索引擎优化（SEO）的目的是提高店铺在搜索引擎结果页（SERP）的排名，增加店铺的曝光率和流量。表11-5所示是鲜花店搜索引擎优化的建议。

表11-5 鲜花店搜索引擎优化的建议

序号	营销建议	具体说明
1	关键词研究	（1）研究与鲜花店相关的关键词和短语，包括鲜花种类、节日、场合等 （2）使用关键词研究工具（如Google Keyword Planner、SEMrush等）来了解用户的搜索习惯和产品竞争情况
2	网站内容优化	（1）确保网站内容（如产品描述、博客文章等）包含目标关键词 （2）定期更新网站内容，包括新产品、季节性花卉信息、花艺教程等
3	技术优化	（1）确保网站加载速度快，避免过多广告和弹窗影响用户体验 （2）优化网站结构，确保URL（统一资源定位符）清晰、易于理解，并包含关键词

序号	营销建议	具体说明
3	技术优化	（3）使用HTML（超文本标记语言）标签（如标题标签、元描述等）来提高搜索引擎可见性
4	外部链接建设	（1）与其他高质量的网站建立友情链接，提高网站的权威性和信任度 （2）避免与低质量或垃圾网站建立链接，从而对网站排名产生负面影响
5	社交媒体整合	（1）将社交媒体平台与网站整合，鼓励用户分享和互动 （2）在社交媒体平台上发布有价值的内容，提高品牌知名度和用户参与度
6	本地SEO	（1）对于实体店面，在本地搜索引擎（如Google My Business）上注册并优化店铺信息 （2）提供店铺地址、联系方式和营业时间等信息，方便用户查找和访问
7	移动优化	（1）确保网站在移动设备上的显示效果，提高移动用户的体验 （2）考虑开发移动应用程序，提供更便捷的购物和服务体验
8	分析和调整	（1）使用网站分析工具（如Google Analytics）来跟踪和分析网站流量、来源和转化率 （2）根据分析结果调整SEO策略，优化关键词、内容和链接等

生意经

搜索引擎优化是一个长期且持续投入的过程。店铺要保持耐心，不断调整和改进策略，逐步提高网站在搜索引擎中的排名和曝光率。

4 口碑营销：一传十、十传百的魔力

口碑营销对于鲜花店来说是一种非常有效的推广方式，它依赖于顾客的好评和推荐，能够增加潜在顾客对店铺的信任度。表11-6所示是鲜花店口碑营销的一些策略。

表11-6 口碑营销策略

序号	营销策略	具体说明
1	提供优质的产品和服务	口碑营销的基础是提供高质量的产品和服务，确保鲜花新鲜、美观，配送服务快速、准确。同时，员工应具备良好的服务态度和专业知识，为顾客提供愉快的购物体验
2	鼓励顾客分享	鼓励顾客在社交媒体上分享他们的购物体验、鲜花照片和店铺特色等。可以设置一些激励机制，如折扣、赠品或积分等，鼓励顾客分享
3	回应顾客反馈	积极回应顾客的评论和反馈，无论是正面的还是负面的。对于正面评论，感谢并鼓励顾客继续分享；对于负面评论，要诚恳道歉并及时解决问题，以展示店铺的专业素养和服务态度
4	提升顾客信任	通过提供透明的价格、清晰的产品描述和准确的配送时间等信息，获得顾客对店铺的信任。此外，还可以展示店铺的资质证书、行业认证等，进一步增加顾客的信任感
5	与达人合作	与行业内的达人等进行合作，邀请他们在社交平台推荐店铺产品和服务。这些意见领袖的影响力可以帮助店铺提升知名度和口碑
6	举办促销活动	定期举办一些促销活动，如节日特惠、会员专享折扣等，吸引更多顾客前来体验。同时，将这些活动作为口碑营销的一部分，让顾客在分享时有更多的谈资

总之，鲜花店应在产品和服务质量、顾客体验等方面下功夫，同时结合激励机制、合作推广等策略，鼓励顾客分享和推荐。通过不断优化和改进口碑营销策略，鲜花店可以逐渐建立起良好的口碑和品牌形象，吸引更多潜在顾客并提升销售额。

5 跨界合作：打破界限，创造无限可能

跨界合作是许多行业常见的营销策略，通过与其他品牌或企业展开合作，共同推出独具特色的产品或服务，可扩大市场份额，提升品牌影响力。在花店领域，跨界合作同样具有广阔的发展空间，跨界合作的领域具体如图11-1所示。

图11-1 跨界合作的领域

5.1 婚庆公司

很多婚庆公司、婚纱影楼等，都开始为顾客提供婚车布置、婚礼布置等服务，但他们往往把该业务外包给鲜花店。现在年轻人对于花艺的布置越来越重视。整个婚礼下来，需要用鲜花布置的地方

有很多，如拍婚纱照的手捧花、迎亲时的花车、婚礼现场的花艺布置等，对鲜花店来说，这也是巨大的商机。

5.2　地产公司

鲜花店也可以与房地产开发商联系，在他们开盘或开放样板间的时候，将高档鲜花摆放进去，突出样板间的档次，增加生活气息，给消费者勾勒出一幅美好的生活场景。

5.3　酒店

酒店在承接一些重要会议时，需要摆放鲜花。也有酒店会给VIP顾客的房间摆放鲜花。因此，花店可与酒店礼宾部取得联系，拓展销售渠道。

5.4　电视台

电视台会有很多场景布置，这里面也会需要鲜花。

5.5　中高端店铺

一些中高端的私人会所、美容院、餐饮、咖啡店、服装店等，逢年过节，要烘托节日的气氛，也会需要一些鲜花。

5.6　汽车4S店

大一些的4S店，每卖一辆车都会给顾客送一束花，而且在节日、店庆也要做一些装饰布置。如果是豪华的汽车4S店，交车仪式也会有鲜花和气球布置。这些场景的鲜花需要量不小，可以为花店增加不少收入。

5.7 会议营销公司

他们为了营造高端气氛，也需鲜花装饰。

5.8 保险类和银行类企业

保险公司和银行一般会定期举办花艺沙龙，以维护老顾客、开发新顾客。花店如果能承接这项业务，一年可以做几十场沙龙。而且，保险公司和银行的顾客，也完全可以成为花店的优质顾客。

5.9 待开业的门店

看见正在装修的门店，店主也可以上门推销。门店开业之际，对价格不太敏感，主要是图吉利，也会给鲜花店带来机会。

5.10 高级病房

如果病房内摆放各种鲜花，对病人来说，也有利于康复。

5.11 大型商场会员中心

大型商场都有自己的会员中心，为顾客提供积分兑换、办卡等诸多服务，鲜花店可以把自己的产品放入积分兑换的目录，尤其在情人节、母亲节、七夕等，也能给花店带来惊喜。

6 会员营销：锁定忠诚，利益共享

花店的会员营销是一种有效的营销策略，可以帮助花店建立稳固的顾客关系，提高顾客忠诚度，并增加回头客的数量。表11-7所示是花店会员营销的一些策略。

表 11-7　会员营销策略

序号	营销策略	具体说明
1	建立会员制度	需要制定明确的会员制度，包括会员等级、权益、优惠等。可以根据顾客的消费金额、购买频率等因素来划分会员等级，并为不同等级的会员提供不同的优惠和福利
2	提供会员优惠	会员优惠是吸引顾客成为会员的重要手段之一。可以提供折扣、积分兑换、会员专享礼品等优惠和福利，让会员感受到特殊的待遇
3	建立会员档案	为了更好地了解会员的需求和喜好，可以为每位会员建立档案，记录他们的购买记录、喜好、生日等信息。这样，在会员生日或特定场合，可以提供个性化的祝福和优惠，增加会员的归属感和忠诚度
4	定期与会员互动	定期与会员进行互动，了解他们的意见，及时处理他们的投诉。可以通过短信、邮件、电话等方式与会员保持联系，并提供最新的产品信息、优惠活动等，吸引他们再次光顾
5	举办会员活动	可以定期举办一些会员活动，如花艺课程、主题沙龙、会员聚会等，增加与会员的互动和交流，提高会员的参与度和忠诚度
6	实行积分制度	积分制度是促进顾客长期消费的有效手段。可以为会员设置积分兑换规则，让他们在购买花卉产品时获得积分，积分累积到一定程度即可兑换礼品或享受优惠

总之，花店的会员营销需要从制度建立、优惠活动、档案管理、沟通互动等多个方面入手，为会员提供个性化、差异化的服务，建立稳定的顾客关系，提高顾客忠诚度和回购率。同时，还需要不断优化和改进会员营销策略，以适应市场变化和顾客需求。

7 节日促销：狂欢购物，节日更添彩

节日是鲜花店开展促销活动的绝佳时机，在节日期间，人们往往会购买鲜花来表达祝福和喜悦。表11-8所示是鲜花店节日促销的一些策略。

表11-8 节日促销策略

序号	营销策略	具体说明
1	提前规划	在节日来临前，鲜花店应该提前规划好促销活动，包括确定促销主题、设计促销方案、准备充足的库存等，以确保促销活动顺利进行，并吸引更多顾客
2	主题鲜明	每个节日都有独特的主题和氛围，鲜花店应该根据节日特点来设计促销主题。例如，在情人节期间，可以推出"浪漫花礼"主题；在母亲节期间，可以推出"感恩母爱"主题。通过主题鲜明的促销活动，可以精准地吸引目标顾客群体
3	优惠活动	在节日促销期间，鲜花店应该提供有吸引力的优惠活动，包括折扣、满减、送赠品等多种形式。合理的优惠幅度，可以刺激顾客的购买欲望，提高店铺销售额
4	宣传推广	除了店面装饰和促销标识外，鲜花店还应该利用社交媒体、电子邮件、短信等方式进行宣传推广。通过多渠道的宣传推广，可以让更多顾客了解促销活动信息，提高店铺曝光率和顾客参与度
5	与节日氛围相符	店面布置和产品设计应该与节日氛围相符。例如，在圣诞节期间，可以布置一些圣诞元素，推出圣诞花环、圣诞花束等产品。这样可以提升顾客的购物体验，提高顾客满意度
6	加强顾客服务	在节日促销期间，鲜花店应该加强顾客服务，包括快速响应顾客咨询、提供准时的配送服务等。通过优质的顾客服务，可以提高顾客满意度和忠诚度，为店铺积累人气

节日促销主题设计宝典

为鲜花店设计节日促销主题时，需要考虑节日的特点、顾客的需求以及产品的特色。以下是节日促销主题设计的一些建议。

1.春节促销

主题名称：新春绽放，花开富贵。

设计思路：

（1）结合春节的喜庆氛围，以红色和金色作为主题色调，象征好运和财富。

（2）设计一系列以"新春""花开"为关键词的花艺作品，如春节花篮、新春花环等。

（3）推出春节特色花礼，如橘子和花的组合，寓意大吉大利。

2.情人节促销

主题名称：浪漫花语，浓情蜜意。

设计思路：

（1）利用情人节的浪漫氛围，设计以粉色和红色为主的宣传材料。

（2）推出定制的情人节花束，如心形花束、卡通花束等，满足不同顾客的个性化需求。

（3）举办情人节花艺课程培训或情侣花艺制作活动，

增加与顾客的互动。

3.母亲节促销

主题名称：感恩母亲，花香传情。

设计思路：

（1）选择寓意温馨、平静的康乃馨、百合等作为母亲节的主打花卉。

（2）设计一系列母亲节专属花礼，如花束、花篮等，并附上温馨的祝福卡片。

（3）推出母亲节特惠套餐，如买花送花束包装、免费送货等服务，提升顾客体验。

4.中秋节促销

主题名称：月圆人团圆，花好月圆时。

设计思路：

（1）结合中秋节的团圆寓意，设计以月亮、桂花、兔子等元素为主题的花艺作品。

（2）推出中秋特色花礼，如桂花花束、兔子造型花艺等，增加节日氛围。

（3）举办中秋花艺沙龙或花束自制活动，让顾客在赏花的同时，感受传统文化的魅力。

5.圣诞节促销

主题名称：圣诞花环，点缀温馨。

设计思路：

（1）以绿色和白色作为主题色调，营造圣诞节的温馨氛围。

（2）推出各种尺寸的圣诞花环，满足不同顾客的装饰需求。

（3）提供圣诞花环定制服务，顾客可以根据自己的喜好和家居风格进行选择。

在设计节日促销主题时，还需要注意与品牌形象和店铺定位保持一致，同时注重创新和差异化，以吸引更多顾客的关注和参与。

8 线下活动推广：面对面，心连心

鲜花店的线下活动推广是一种直接与顾客互动、提升品牌知名度和吸引顾客的有效方式。表11-9所示是一些线下活动推广策略。

表11-9 线下活动推广策略

序号	推广策略	具体说明
1	开业庆典	（1）在店铺开业时，举办盛大的开业庆典，邀请当地居民、潜在顾客参与 （2）提供免费的花艺展示、花艺课程或折扣优惠，吸引更多的顾客，并展示店铺特色
2	花艺工作坊	（1）定期举办花艺工作坊或花束自制活动，教授顾客如何制作花束、花篮等花艺作品 （2）提供材料包和工具，让顾客亲手制作自己的花艺作品
3	社区活动	（1）参与当地的社区活动，如集市、庆典、慈善活动等，展示花店的产品和服务 （2）向社区活动提供赞助或捐赠花卉，增加品牌曝光度

序号	推广策略	具体说明
4	展览和展示	（1）在店铺或合作场所举办花艺展览，展示不同主题的花艺作品，吸引顾客欣赏和购买 （2）与当地的艺术机构或学校合作，展示店铺的花艺作品，提升品牌形象
5	加强合作	（1）与当地的企业、餐厅、酒店等合作，提供花艺装饰服务，展示花艺作品，并吸引潜在顾客 （2）与婚礼策划师、摄影师等合作，提供花艺布置服务，拓展婚礼市场
6	路演和巡游	在商业区、公园、景点等人流密集的地方进行路演和巡游，展示花艺作品，派发宣传资料，并开展优惠活动

 生意经

举办线下活动时，店铺应提供优质的服务和产品，营造温馨、舒适的氛围，以增加顾客的参与度和满意度。同时，通过社交媒体、网站等平台做好宣传活动，吸引更多的潜在顾客参与。在活动结束后，及时收集顾客的意见，以便不断改进和优化推广策略。

案例分享

某城市的"缤纷花舍"是一家中型鲜花店，目前面临着附近大型花店和线上花店的双重竞争压力。为了提升品牌知名度和销售额，该鲜花店制定了一系列营销策略。

1.故事化营销

店铺通过微博和微信公众号，分享有趣的花卉故事、花语和花卉养护知识。同时还与顾客合作，分享顾客的情感故事，如求婚、生日祝福等。这种故事化的营销方式引发了顾客的共鸣，增加了品牌的好感度。

2.节日营销

店铺针对各种节日和特殊场合，推出相应的花束和礼品套餐。例如，情人节推出浪漫玫瑰花束，母亲节推出康乃馨花束等。同时还在店铺内外营造节日氛围，吸引顾客的注意。

3.合作营销

店铺与当地的婚庆公司、酒店和餐厅等合作，提供定制化的花卉装饰服务。同时还与一些知名博主或达人合作，邀请他们体验并分享鲜花产品，提高品牌的曝光度。

4.互动营销

店铺在社交媒体上举办各种互动活动，如抽奖、答题、晒花等，鼓励用户参与并分享。同时还在店内设置了拍照区域，提供道具和背景，可以让顾客拍照并分享到社交媒体上，增加品牌的曝光度。

5.会员体系

店铺建立了会员体系，为会员提供专享优惠和积分兑换等福利。同时还会定期向会员发送鲜花推荐和节日祝福，增加会员的忠诚度和购买频率。

通过以上营销策略，"缤纷花舍"成功提升了品牌知名度和销售额，社交媒体的关注度和互动量显著增加，店内客流量和销售额也稳步上升。同时，花店也与顾客建立了更加紧密的情感连接，提升了品牌的形象。

案例点评：

这个案例展示了鲜花店如何通过多种营销策略来吸引和留住顾客并提高销售额和店铺知名度。当然，营销策略根据店铺的特点和顾客需求不断进行调整和优化，才能取得更好的效果。

第12章

顾客接待与服务新体验

关键词:
真诚服务
信誉至上
留住顾客

顾客服务在鲜花店运营中起着至关重要的作用,它不仅关系到顾客的满意度和忠诚度,还直接影响店铺的口碑和业绩。

【要点解读】 ▶▶▶ -

1 热情友好的接待:微笑是最好的名片

热情友好的接待是鲜花店提供优质服务的第一步,它不仅能够为顾客提供愉快的购物体验,还能增强顾客对店铺的印象和忠诚度。表12-1所示是鲜花店热情友好接待的一些策略。

表12-1　热情友好接待策略

序号	推广策略	具体说明
1	微笑迎接	当顾客走进店铺时,员工应该面带微笑,主动迎接。微笑是一种非常有效的传达情感的方式,能够立刻缓解顾客的紧张感

序号	推广策略	具体说明
2	保持眼神交流	当与顾客交流时，员工要保持眼神接触，表明对他们的需求感兴趣。不要四处张望或低头玩手机，这样会让顾客觉得被忽视
3	主动提供帮助	主动询问顾客是否需要帮助，或者是否有特定的需求。如果顾客看起来犹豫不决，员工可以提供一些建议或推荐合适的花束
4	耐心解答问题	如果顾客有问题，员工要耐心解答，并确保顾客完全理解。避免匆忙或不耐烦，这样会给顾客留下不专业的印象
5	保持积极态度	即使很繁忙，也要保持积极的态度，并努力为顾客提供最好的服务。积极的态度能够向顾客传达一种愉快和舒适的感觉
6	提供个性化服务	尽力记住常客的名字和喜好，为他们提供个性化的服务。当顾客再次光临时，说出他们的名字和喜欢的花束，可以增加顾客的好感
7	提供舒适的环境	确保店铺整洁、明亮，并为顾客提供舒适的购物环境。可以提供一些舒适的座椅，让顾客休息
8	感谢和送别	当顾客完成购物准备离开时，向他们表示感谢，并欢迎他们下次再来。这会让顾客受到重视，并增加他们再次光顾的可能性

通过热情友好的接待，鲜花店能够给顾客留下深刻的印象，并建立起良好的顾客关系。记住，每个顾客都是潜在的回头客，热情友好的服务非常重要。

2 良好的售后服务：让顾客无后顾之忧

通过提供优质的售后服务，鲜花店可以增强顾客的满意度和忠诚度，促进顾客再次购买，并建立良好的店铺口碑。同时，售后服

务也是店铺品牌形象的重要组成部分，对于吸引潜在顾客和提升竞争力具有重要意义。

一般来说，鲜花店可提供的售后服务有图12-1所示的几种。

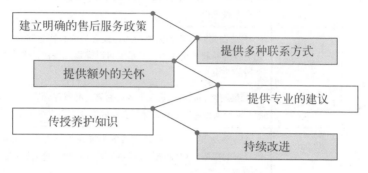

图12-1　售后服务的内容

2.1　建立明确的售后服务政策

制定明确的售后服务政策，包括退换货、质量保证、配送服务等，确保顾客在购买前就了解售后服务政策。店铺可以通过店铺网站、宣传册或口头告知等方式进行说明。

2.2　提供多种联系方式

提供多种联系方式，如电话、电子邮件、在线客服等，方便顾客随时联系售后服务人员。

店铺应确保联系方式畅通无阻，员工应及时回应顾客的咨询和投诉。

2.3　提供额外的关怀

在售后服务过程中，店铺可以提供一些额外的关怀，如赠送小礼品、优惠券等，表明对顾客的重视和感谢。

2.4　提供专业的建议

员工应该具备专业的花艺知识和技能，能够根据顾客的需求和预算，提供专业的建议和推荐。在介绍花材、花束设计和花艺技巧时，员工要保持耐心，确保顾客作出满意的选择；并根据不同场合（如生日、婚礼、纪念日等），为顾客提供搭配建议，包括花材、款式、配色等。

2.5　传授养护知识

向顾客传授鲜花的养护知识，如浇水、光照、温度等要求，确保顾客能够正确养护花材，延长其观赏期。

2.6　持续改进

根据顾客的意见和建议，持续改进售后服务流程和质量。定期评估售后服务的效果，及时进行调整和改进。

3　提供定制服务：满足顾客的独特需求

提供定制服务是满足顾客个性化需求并提升顾客满意度的有效方式。为了能给顾客提供优质的定制服务，鲜花店需做好图12-2所示的几项工作。

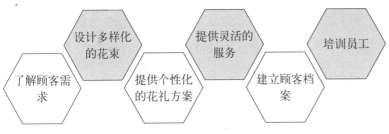

图12-2　提供定制服务的要点

3.1　了解顾客需求

与顾客进行充分的沟通，了解他们购买鲜花的目的和使用场合、收花人的喜好等信息，可帮助鲜花店为顾客提供更加贴心和符合需求的定制服务。

3.2　设计多样化的花束

为了满足不同顾客的需求，鲜花店可以设计不同风格、主题和价位的花束。同时，也可以提供个性化的花束包装服务，如使用特色纸张、丝带等，使花束更加独特。

3.3　提供个性化的花礼方案

根据顾客的需求和预算，鲜花店可以提供个性化的花礼方案，包括花材选择、花束大小、配色方案等，确保最终的花束符合顾客的期望和要求。

3.4　提供灵活的服务

鲜花店应提供灵活的服务，以满足顾客的特殊需求。例如，顾客需要在某个特定时间收到花束，鲜花店可以安排员工加班准备，确保花束按时送达。

3.5　建立顾客档案

为了更好地了解顾客的需求和喜好，鲜花店可以建立顾客档案。这有助于鲜花店为顾客提供更加精准和高效的定制服务。

3.6　培训员工

为了确保定制服务的质量和效果，鲜花店需要对员工进行培训。培训内容包括花艺设计、沟通技巧、顾客服务等，以便提高员工的专业素质和服务水平。

4 提供准时送达服务：速度与质量并存

提供准时送达服务是确保顾客满意度和维持良好顾客关系的重要因素。为了实现这一目标，鲜花店可以采取图12-3所示的措施。

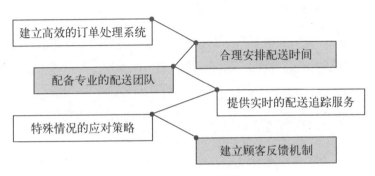

图12-3 准时送达的措施

4.1 建立高效的订单处理系统

建立一个高效的订单处理系统，可确保顾客的订单能够快速、准确地被处理和确认。通过简化订单流程、提高员工工作效率，可以减少订单处理时间，从而更快地将鲜花送到顾客手中。

4.2 合理安排配送时间

根据顾客的需求和店铺的实际情况，制定合理的配送时间表。考虑交通状况、花店繁忙时段等因素，提前规划好配送路线和时间，确保在约定的时间内将鲜花送到顾客手中。

4.3 配备专业的配送团队

组建一个专业的配送团队，熟悉当地的交通状况和最佳配送路线。团队成员应该具备良好的服务态度和沟通能力，确保在配送过程中能够为顾客提供优质的服务。

4.4　提供实时的配送追踪服务

利用现代技术手段，如手机应用或在线平台，提供实时的配送追踪服务。这样，顾客可以随时查看订单的状态和预计送达时间。

4.5　特殊情况的应对策略

对于一些特殊情况，如交通拥堵、恶劣天气等，鲜花店应该提前制定应对策略，例如，增加配送人员、调整配送路线或提前与顾客沟通等。

4.6　建立顾客反馈机制

为了不断改进配送服务，鲜花店应该建立顾客反馈机制。通过收集顾客的意见和建议，店铺可了解配送服务的不足之处，并及时进行改进和优化。

5　处理投诉和纠纷：倾听与解决，赢得信任

处理投诉和纠纷对于鲜花店来说是非常重要的，因为这不仅关系到顾客满意度和忠诚度，还影响着店铺的声誉和长期发展。图12-4所示是处理投诉和纠纷的步骤。

5.1　倾听并理解顾客诉求

当顾客提出投诉时，店员首先要做的是耐心倾听他们的诉求，并理解他们的不满。这有助于建立信任，并让顾客感受到店铺对他们的重视。

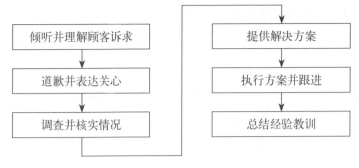

图 12-4　处理投诉和纠纷的步骤

5.2　道歉并表达关心

在理解顾客诉求后，向顾客道歉并表达关切。这可以让顾客感受到店铺解决问题的诚意。切记，不能指责或推卸责任，以免加剧矛盾。

5.3　调查并核实情况

在处理投诉和纠纷时，需要调查并核实相关情况，包括了解订单详情、沟通记录、配送情况等。这样可以更有针对性地解决问题，避免误解或偏见。

5.4　提供解决方案

在核实情况后，向顾客提供可行的解决方案，包括退款、换货、补偿等。解决方案既要符合店铺政策，又能满足顾客的合理需求。

5.5　执行方案并跟进

一旦与顾客达成一致，要迅速执行方案，并确保顾客满意。问题解决后，还要跟进，了解顾客是否还有其他问题或建议。这有助于维护顾客关系，防止类似问题再次发生。

5.6　总结经验教训

处理完投诉和纠纷后，要总结经验教训，分析问题产生的原因和解决方案的有效性。这有助于店铺改进服务流程、提高产品质量，并预防类似问题再次发生。同时，店铺可以将这些经验分享给员工，提高他们的服务意识和应对能力。

6　与顾客保持联系：建立长久的关系桥梁

为了维持良好的顾客关系，鲜花店可以定期与顾客沟通。与顾客保持联系是鲜花店经营中至关重要的一环，它不仅有助于维护现有顾客，还能为店铺带来更多回头客和新顾客。表12-2所示是鲜花店与顾客保持联系的措施。

表12-2　鲜花店与顾客保持联系的措施

序号	措施	具体说明
1	建立顾客信息数据库	（1）创建顾客信息数据库，记录顾客的姓名、联系方式、购买记录、喜好等信息 （2）确保数据库信息准确无误，并定期更新和维护
2	定期发送问候和祝福	（1）在重要的节日、生日或纪念日，发送个性化的祝福短信或邮件 （2）可以通过社交媒体平台发布节日祝福和鲜花知识，增加与顾客的互动
3	提供优惠和促销信息	（1）定期向顾客发送优惠活动和促销信息，吸引他们再次购买 （2）推出会员计划，为会员提供专属优惠和特权
4	重视顾客的建议	（1）鼓励顾客提出建议，以便店铺不断改进服务和产品质量 （2）及时回复顾客的问题，表示对顾客的重视和关心

序号	措施	具体说明
5	确保沟通渠道畅通	(1) 提供多种联系方式，如电话、微信、电子邮件等，以便顾客随时与店铺取得联系 (2) 确保沟通渠道畅通无阻，并及时回应顾客的咨询和需求
6	定期举办活动	(1) 定期举办花艺课程、主题沙龙等活动，并邀请顾客参加 (2) 通过互动活动，提高顾客黏性和忠诚度
7	发布新品和流行趋势	(1) 定期向顾客发布新品和流行趋势，引领时尚的潮流 (2) 可以通过社交媒体、邮件或短信等平台进行推广
8	建立良好的口碑	(1) 提供优质的产品和服务，赢得顾客的信任和喜爱 (2) 鼓励顾客分享他们的购物体验，吸引更多的新顾客

 案例分享

　　××花店是一家位于市中心的知名鲜花店，因丰富的花卉品种、高品质的服务和专业的花艺设计而受到广大顾客的喜爱。在竞争激烈的鲜花市场中，××花店通过不断提升顾客服务质量，成功塑造了良好的品牌形象，吸引了大量忠诚顾客。

1. 个性化定制服务

　　有一天，一位顾客走进××花店，希望能为即将过生日的母亲定制一款特别的花束。顾客提到母亲喜欢淡雅的花卉，并要求在花束中融入一些具有纪念意义的元素。店员认真听完顾客的需求后，为顾客设计了一款由百合、康乃馨和玫瑰组成的花束，并在花束中巧妙地加入了珍珠饰品。这款特别的花束不仅满足了顾客的个性化需求，还让顾客的母亲备受感动。

2.售后服务跟进

一次，一位顾客在××花店购买了一束鲜花送给朋友作为生日礼物。然而，由于配送过程中的疏忽，花束在送达时出现了一些损伤。得知情况后，店员立即向顾客道歉，并主动提出免费更换新花束。此外，为了保证类似问题不再发生，店员还向顾客详细了解了配送过程中的具体情况，以便对配送流程进行改进。通过真诚的道歉和积极的解决态度，顾客对××花店的服务表示非常满意，并成为店铺的忠实顾客。

3.会员特权与关怀

××花店还为会员顾客提供了一系列特权服务。例如，会员顾客可以得到免费的花卉知识讲座、花艺课程等增值服务；在重要节日或纪念日时，店铺还会为会员顾客送上精心挑选的花束或贺卡，表达关怀与祝福。这些贴心的服务让会员顾客感受到了××花店的用心，增强了顾客的忠诚度和黏性。

案例点评：

通过个性化定制服务、优质的售后服务以及会员特权与关怀，××花店在顾客服务方面取得了显著成效。这不仅提升了店铺的口碑和品牌形象，还为店铺带来了更多的忠诚顾客，实现了业务增长。对于任何一家鲜花店来说，优质的顾客服务都是至关重要的。只有深入了解顾客需求，提供个性化的解决方案并持续关注顾客体验，鲜花店才能在激烈的市场竞争中脱颖而出。

第13章

持续发展与
扩张新战略

鲜花店的发展与扩张是一个综合的系统性过程。只有通过不断创新和优化，鲜花店才能在激烈的市场竞争中崭露头角，实现持续稳健的发展，进而提升品牌影响力和市场份额。

【要点解读】▶▶▶ ─ ─ ─ ─ ─ ─ ─ ─ ─ ─ ─ ─ ─ ─ ─

1 精细成本控制：省钱就是赚钱

鲜花店的持续发展离不开对成本的精细控制。有效的成本控制不仅可以提高店铺的盈利能力，还能让店铺在激烈的市场竞争中保持优势，实现稳健发展。对此，鲜花店需要在进货渠道与库存管理、人力资源管理、运营与营销成本管理、财务管理与监督以及持续创新与改进等方面进行全面考虑，具体如表13-1所示。

表13-1 成本控制策略

序号	控制要点	控制策略
1	进货渠道与库存管理	（1）选择优质供应商：与信誉良好、产品质量稳定的供应商建立长期合作关系，确保进货渠道和花材质量的可靠性 （2）合理安排进货量：根据市场需求、季节变化以及店铺销售数据，精准预测进货量，避免发生库存积压或断货 （3）优化库存结构：定期盘点库存，及时处理滞销或过季花材，减少损耗和浪费。同时，根据销售数据调整库存结构，确保畅销品的供应充足
2	人力资源管理	（1）合理安排员工岗位：根据员工的技能和经验，合理分配工作任务，确保工作效率最大化 （2）提供培训与发展机会：定期对员工进行技能和服务意识培训，提高员工的专业素养和服务质量。同时，为优秀员工提供晋升机会，激发员工的工作热情 （3）制定合理的薪酬制度：结合市场行情和店铺盈利情况，制定具有竞争力的薪酬制度，吸引和留住优秀人才
3	运营与营销成本管理	（1）节约能源：通过使用节能设备、优化照明和空调系统等措施，降低店铺的日常运营成本 （2）精简营销活动：根据店铺定位和市场需求，制定有针对性的营销活动，避免无效投入和浪费。同时，利用社交媒体、线上平台等低成本渠道进行宣传推广
4	财务管理与监督	（1）建立财务管理制度：制定明确的财务管理流程和规范，确保资金使用的透明度和合理性 （2）加强财务监督：定期对店铺的财务状况进行审计和检查，确保各项成本被控制在合理范围内
5	持续创新与改进	（1）引入新技术：关注行业发展趋势和新技术的应用，如智能化管理、自动化设备等，提高店铺的运营效率和成本控制能力 （2）优化产品设计：根据市场需求和消费者喜好，不断创新花艺设计和服务形式，提高产品附加值和竞争力

2 加强品牌建设：塑造独特的品牌形象

鲜花店要想实现持续发展，品牌建设非常关键。一个强大的品牌不仅能吸引并保留顾客，还能在激烈的市场竞争中立于不败之地。鲜花店可以参考图13-1所示的策略来加强品牌建设。

图13-1　加强品牌建设的策略

2.1　明确品牌定位与核心价值

首先，鲜花店需要明确自己的品牌定位，即店铺在市场中的独特位置和所要传达的理念，包括确定目标顾客群体、店铺特色以及所提供的产品和服务。同时，要提炼品牌的核心价值，这是品牌建设的基石，也是吸引和留住顾客的关键。

2.2　塑造独特的品牌形象

品牌形象是品牌建设的直观体现，包括店铺的装修风格、Logo设计、产品包装等。鲜花店应该营造温馨、浪漫的氛围，使顾客在购物的同时获得美好的视觉体验。此外，独特的Logo设计和精美的产品包装也能提升品牌识别度，加深顾客对品牌的印象。

2.3　提供优质的产品和服务

优质的产品和服务是品牌建设的基础。鲜花店应该注重花材的选择和搭配，推出新鲜、高质量的花卉产品。同时，提升员工的服务意识和技能水平，确保顾客在店内获得满意的购物体验。通过口碑相传，鲜花店的品牌形象也会得到进一步提升。

2.4　加强品牌传播与推广

品牌传播是提升品牌知名度和影响力的有效途径。鲜花店可以利用社交媒体、网络平台等渠道进行品牌宣传和推广。例如，通过发布花艺作品、分享顾客好评等方式吸引更多潜在顾客。此外，还可以举办一些线上线下活动，如花艺讲座、节日促销等，增强与顾客的互动和沟通。

2.5　注重品牌口碑的维护

品牌口碑是品牌建设的重要组成部分。鲜花店应该注重维护顾客关系，及时回应顾客的疑问和投诉，并积极解决问题。同时，鼓励顾客对店铺进行评价和分享，利用良好的口碑传播吸引更多新顾客。

 生意经

通过不断提升品牌形象和影响力，鲜花店可以在激烈的市场竞争中占据有利地位，实现持续稳健的发展。

3　开设分店：扩张版图，布局未来

鲜花店成功经营并积累了一定的经验和资源后，可以考虑开设分店。开设分店不仅有助于提高店铺品牌影响力和市场份额，还能带来更多的营收机会。在开设分店时要注意图13-2所示的事项。

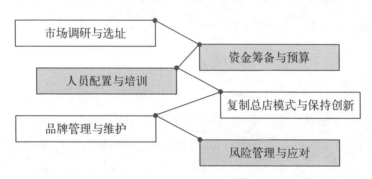

图13-2　开设分店的注意事项

3.1　市场调研与选址

在开设分店之前，进行充分的市场调研是至关重要的。了解目标市场的消费者需求、竞争态势以及行业发展趋势，有助于店铺制定更加精准的扩张策略。同时，选址也是开设分店的关键因素之一。应选择客流量较大、消费能力较高的地段，如商业区、居民区或旅游景点附近。

3.2　资金筹备与预算

开设分店需要投入一定的资金，包括租金、装修、进货、人员培训等费用。因此，在扩张之前，应制定详细的预算，并筹备足够的资金。可以通过银行贷款、寻求合作伙伴等方式筹集资金。

3.3 人员配置与培训

分店需要新的员工来运营，因此，人员配置和培训也是开设分店的重要环节。在招聘时，应注重新员工的专业技能和服务态度。同时，为新员工提供系统的培训，确保他们能够快速适应分店的工作并为顾客提供优质的服务。

3.4 复制总店模式与保持创新

在开设分店时，可以复制总店的成功模式，包括店铺装修风格、花艺设计风格、顾客服务模式等。这有助于分店快速融入市场并获得顾客的认可。然而，在复制总店成功模式的同时，分店也应保持创新精神，根据当地市场的需求和竞争态势进行适当的调整和创新。

3.5 品牌管理与维护

开设分店意味着品牌的进一步扩张，因此，品牌管理与维护也是至关重要的。分店应确保产品质量、服务水平、店铺形象等方面与总店保持一致，以维护品牌的整体形象和声誉。同时，加强品牌宣传和推广，提升品牌知名度和影响力。

3.6 风险管理与应对

店铺在扩张过程中可能会面临各种风险和挑战，如市场竞争、资金短缺、人员流失等。因此，应制订风险管理计划，并采取相应的应对措施，以确保分店顺利运营和发展。

4 发展加盟业务：合作共赢，共创辉煌

鲜花店可以考虑发展加盟业务，以进一步拓宽业务范围，提升品牌影响力。发展加盟业务不仅可以迅速扩大店铺规模，还能利用加盟商的资源和经验，为店铺带来新的发展机遇。图13-3所示是鲜花店发展加盟业务的要点。

图13-3 发展加盟业务的要点

4.1 制定明确的加盟策略

在发展加盟业务之前，鲜花店应制定明确的加盟策略，包括加盟条件、加盟费用、经营模式等。这些策略既要保障加盟商的权益，又能确保店铺品牌形象得到有效管理。

4.2 完善培训体系

为了确保加盟商能够顺利开业并成功经营，鲜花店应建立完善的培训体系，包括店铺管理、花艺设计、顾客服务等培训内容，以帮助加盟商快速掌握经营技巧、提升业务水平。

4.3 提供全方位的支持与服务

在发展加盟业务的过程中，鲜花店应为加盟商提供全方位的支持与服务，包括协助选址、指导装修、营销策划，以及提供稳定的

货源和优质的售后服务等。通过这些支持和服务，可以促进加盟业务稳定发展。

4.4 加强品牌宣传与推广

为了吸引更多的加盟商和顾客，鲜花店应加强品牌宣传与推广。可以利用社交媒体、网络平台等渠道进行广告宣传，提升品牌知名度和影响力。同时，还可以举办一些促销或花艺讲座等活动，吸引潜在加盟商和顾客的关注。

4.5 注重加盟商的筛选与管理

在发展加盟业务时，鲜花店应注重加盟商的筛选与管理。应选择具有一定经营能力和资金实力的加盟商，并对他们进行严格的培训和考核。同时，应建立完善的加盟商管理制度，确保加盟商能够遵守品牌规定和经营要求，维护品牌形象和声誉。

4.6 不断创新与改进

在发展加盟业务的过程中，鲜花店应不断创新与改进。可以根据市场需求和加盟商的建议，及时调整产品结构和经营策略，提升品牌竞争力和市场占有率。同时，还应关注行业发展趋势和新技术应用，为店铺发展寻找新的机遇。

5 确保合规经营：守法经营，稳健发展

鲜花店在扩张过程中，合规经营是一个不可忽视的方面。表13-2所示是鲜花店扩张时合规经营应考虑的因素。

表13-2　扩张时合规经营应考虑的因素

序号	考虑因素	具体说明
1	遵守相关法律法规	鲜花店在扩张过程中，必须遵守相关法律法规，包括但不限于税务法规、劳动法规、环保法规等。对于涉及特许经营或连锁加盟的店铺，还需特别关注特许经营法规和商标、专利等知识产权法规
2	取得营业执照和许可证	随着店铺的扩张，可能需要申请新的营业执照或许可证。这些证件的申请和更新应严格遵守相关法规，以确保店铺合法经营
3	保障消费者权益	在扩张过程中，鲜花店应始终坚持公平、公正、透明的经营原则，尊重并保障消费者的合法权益，避免任何形式的欺诈行为
4	注意环保和安全问题	随着店铺规模的扩大，环保和安全问题也变得尤为重要。鲜花店应确保店铺的装修、布局和运营都符合环保和安全标准，如防火、防虫、防污染等
5	员工管理与培训	扩张意味着需要招聘更多的员工。在这个过程中，鲜花店应确保所有员工都经过适当的培训，了解并遵守店铺的规章制度和操作流程。同时，还应建立完善的员工管理制度，确保员工的权益得到保障
6	税务合规	随着业务规模的扩大，税务问题也变得更加复杂。鲜花店应确保按时缴纳各项税费，并妥善保存相关税务资料，以备税务机关检查

案例分享

　　××鲜花店是一家位于市中心的小型花店，以精美的花艺设计、优质的服务和合理的价格赢得了广大消费者的喜爱。然而，随着市场竞争的加剧和顾客的需求不断变化，店主意识到，如果想要持续发展并扩大市场份额，必须进行战略性扩张。

××鲜花店进行了深入的市场调研，了解目标市场的消费需求、竞争态势以及行业发展趋势。通过调研，店主发现线上购买鲜花的趋势日益明显，且顾客对个性化、定制化的花艺服务有着较大的需求。

　　基于市场调研的结果，××鲜花店制订了详细的扩张计划。一方面，加强线上渠道的拓展，通过自建电商平台和入驻第三方平台，实现线上线下的融合，为顾客提供更加便捷的购买体验。另一方面，注重个性化服务的提升，推出定制花艺服务，以满足消费者的个性化需求。

　　在扩张过程中，××鲜花店始终注重品牌建设和合规性。通过统一的品牌形象设计、优质的服务标准和严格的质量控制，确保每个分店都能为顾客提供高品质的服务。同时，严格遵守相关法律法规，确保店铺的合法经营。

　　经过一段时间的努力，××鲜花店成功开设了多家分店，实现了市场份额的提升，线上销售额也稳步增长，个性化服务受到了顾客的广泛好评。通过持续发展和扩张，××鲜花店不仅提升了品牌知名度和影响力，还为顾客带来了更好的购物体验。

案例点评：

　　这个案例表明，鲜花店在持续发展和扩张的过程中，需要关注市场发展的动态和顾客需求的变化，制订有针对性的扩张计划，并注重品牌建设和合规性。只有这样，鲜花店才能在激烈的市场竞争中脱颖而出，实现长期稳定的发展。